DU PAIN SUR LA TABLE

AUTRES OUVRAGES DE L'AUTEUR

Le mystère Jésus, vingt siècles après, Montréal, Bellarmin, 1994.

L'identité chrétienne en question (collectif), Montréal, Fides, 1994.

Prières d'adieu à nos défunts, Paris/Montréal, Médiaspaul, 1994.

Prière quotidienne en église, Paris/Montréal, Médiaspaul, 1995.

Iéschoua, dit Jésus, Montréal, Médiaspaul, 2001.

Parcours d'Évangile, Montréal, Médiaspaul, 2001.

Georges Convert

DU PAIN
SUR LA TABLE

Commentaires des dimanches
de l'année C

LIVRE 1
Temps de l'Avent et de Noël

Fides • Médiaspaul / formation chrétienne

En général, la traduction des textes évangéliques des dimanches est de l'auteur. Les citations bibliques, à l'intérieur des commentaires, proviennent de diverses éditions de la Bible.

La photo de la couverture a été réalisée par Sébastien Dennetière avec le concours de Laurent Hardy.

Catalogage avant publication
de la Bibliothèque nationale du Canada

Convert, Georges, 1936-
Du pain sur la table : commentaires
des dimanches de l'année C
Comprend un index.
Sommaire : Livre 1. Temps de l'Avent et de Noël.
ISBN 2-89499-052-9 (v. 1)

1. Bible. N.T. Luc – Critique, interprétation, etc.
2. Bible. N.T. Apocalypse – Critique, interprétation, etc.
3. Année liturgique – Méditations.
4. Espérance – Aspect religieux – Christianisme.
I. Titre. II. Titre : Temps de l'Avent et de Noël.

BS2589.C66 2003   226.4'06   C2003-941784-0

Dépôt légal : 3ᵉ trimestre 2003
Bibliothèque nationale du Québec

© Éditions FPR, 2003

Les Éditions FPR remercient de leur soutien financier
le ministère du Patrimoine canadien,
le Conseil des Arts du Canada et la Société
de développement des entreprises culturelles
du Québec (SODEC).

Les Éditions FPR bénéficient du Programme
de crédit d'impôt pour l'édition de livre
du Gouvernement du Québec, géré par la SODEC.

Imprimé au Canada en octobre 2003

Ce livre est le fruit d'un travail d'équipe :
   Mario Bard et G. Convert, pour les prières
   et les questionnaires ;
André Choquette et G. Convert,
   pour les commentaires ;
Xavier Gravend-Tirole pour la relecture ;
les membres du Relais Mont-Royal
   et de Copam,
   avec qui ces textes ont été partagés ;
les abonnés au feuillet et les auditeurs
   de Radio Ville-Marie
   pour qui ces commentaires ont été faits
   et qui nous ont apporté leurs réflexions.
À toutes et à tous, ma reconnaissante
   gratitude.

Georges CONVERT

La liturgie dominicale de l'Église catholique romaine propose de lire les trois récits synoptiques sur un rythme triennal: année A, Matthieu; année B, Marc; année C, Luc. Le récit de Jean est utilisé lors des trois années, plus spécialement lors de l'année B.

année A Matthieu	année B Marc	année C Luc
		2003-2004
2004-2005	2005-2006	2006-2007
2007-2008	2008-2009	2009-2010
2010-2011	2011-2012	2012-2013

L'année liturgique commence le premier dimanche de l'Avent (4 semaines avant Noël) pour se terminer à la fête du Christ-Roi.

Abréviation des principaux livres bibliques

TESTAMENT DE MOÏSE

Am	Amos
Ct	Cantique des Cantiques
Dn	Daniel
Dt	Deutéronome
Es	Esaïe (même que Isaïe)
Ex	Exode
Ez	Ézéchiel
Gn	Genèse
Is	Isaïe (même que Esaïe)
Jdt	Judith
Jb	Job
Jl	Joël
Jon	Jonas
Jos	Josué
Jr	Jérémie
Jg	Juges
Lm	Lamentations
Lv	Lévitique
1 M	1er livre des Maccabées
Ma	Malachie
Mi	Michée
Nb	Nombres
Ne	Néhémie
Os	Osée
Pr	Proverbes

Ps	Psaumes
Qo	Qohélet ou Ecclésiaste
1R	Rois (1er livre)
2R	Rois (2e livre)
1S	Samuel (1er livre)
2S	Samuel (2e livre)
Sg	Sagesse
Si	Siracide ou Ecclésiastique
So	Sophonie
Za	Zacharie

TESTAMENT DE JÉSUS

Ac	Actes des Apôtres
Ap	Apocalypse de Jean
1Co	1re épître aux Corinthie
2Co	2e épître aux Corinthiens
Col	épître aux Colossiens
Ep	épître aux Éphésiens
Ga	épître aux Galates
Jc	épître de Jacques
Jn	évangile selon Jean
1Jn	épître de Jean
Jude	épître de Jude
Lc	évangile selon Luc
Mc	évangile selon Marc
Mt	évangile selon Matthieu
1P	1re épître de Pierre
Ph	épître aux Philippiens
Phm	épître à Philémon
Rm	épître aux Romains
1Th	1re épître aux Thessaloniciens
2Th	2e épître aux Thessaloniciens
1Tm	1re épître à Timothée
Tt	épître à Tite

TEMPS DE L'AVENT

Regard sur le récit évangélique de Luc

Luc a composé un récit en deux livres qu'il ne faudrait pas séparer parce qu'ils forment un tout et s'éclairent mutuellement : l'Évangile et les Actes des Apôtres. On lira les deux préfaces (Lc 1,1-4 et Ac 1,1-28). L'Évangile est centré sur la mission de Jésus dans le peuple de Dieu : Israël. Les Actes dessinent l'œuvre du Ressuscité qui s'étend — à travers ses disciples — à l'ensemble des peuples dont Rome est le symbole. Théophile est peut-être celui qui personnifie tous les disciples qui n'ont pas été les témoins oculaires de Jésus.

Comme une sorte de préface au récit évangélique (qui va du baptême aux apparitions pascales), les deux premiers chapitres de Luc sont consacrés à l'enfance de Jésus. Ils nous présentent le « mystère Jésus » tel que les premiers chrétiens l'ont compris après Pâques. C'est donc la gloire du Ressuscité qui éclaire déjà la naissance de l'humble enfant et les années de son enfance.

Contrairement au corps des récits évangéliques qui ont été transmis oralement pendant de nombreuses années avant d'être mis par écrit, ces chapitres de l'enfance (en Luc et Matthieu mais aussi le prologue de Jean) sont des textes rédigés par les auteurs. On pourrait les lire comme des récits du genre littéraire des légendes mais ils sont des textes théologiques qui disent pourquoi on en est venu à comprendre Jésus comme étant Christ et Seigneur (le nom donné à Dieu).

On pourrait les comparer à certains génériques de films qui nous présentent, au début du film, des images qui donnent la clé permettant de comprendre l'histoire qui va être racontée.

1ᵉʳ *dimanche de l'Avent*
Luc 21,5-36 passim

ÉVANGILE DE JÉSUS
selon l'écrit de Luc

Comme certains parlent du Temple, Jésus déclare : « Des jours viendront, où il ne restera pas pierre sur pierre de ce que vous contemplez : tout sera détruit. » Alors ils l'interrogent en lui disant : « Maître, quand est-ce que ce sera et quel est le signe que cela va arriver ? » Alors Jésus leur dit : « Il y aura des signes dans le soleil, la lune et les étoiles et sur la terre les nations seront dans l'angoisse, effarées du fracas de la mer et des flots. Les humains défailliront de frayeur dans l'attente de ce qui vient sur l'humanité, car les puissances des cieux seront ébranlées. Et alors on verra le Fils de l'Homme venir dans la nuée avec puissance et grande gloire. Quand ces choses commenceront à arriver, relevez-vous et gardez vos têtes hautes : car elle est proche, votre délivrance. [...] Tenez-vous sur vos gardes de crainte que vos cœurs ne soient accablés dans les excès et les abus, l'ivrognerie et les anxiétés et que ce Jour ne fonde sur vous à l'improviste : comme le filet d'un piège ; car il surviendra sur tous ceux qui sont assis sur toute la face de la terre. Veillez ! En tout temps priez afin d'avoir la force d'échapper à tout ce qui doit arriver et pour vous tenir debout en présence du Fils de l'homme. »

Notre texte est la conclusion de la fresque apocalyptique que l'on retrouve dans chacun des récits synoptiques (Marc, Matthieu et Luc). Dans ces Évangiles, des récits apocalyptiques ont trouvé place lors des derniers jours de Jésus.

Des jours viendront

Le sens du mot « apocalypse » vient de la transcription en français d'un mot grec *apocalupsis* qui signifie révéler. Dans ces récits d'apocalypse, il s'agit de révéler le sens des événements actuels en les plaçant sous la lumière du sens final de l'histoire. Dans la littérature juive des deux derniers siècles avant l'ère chrétienne, on trouve souvent ce genre de récits. Les chrétiens du Ier siècle vont aussi utiliser ce type d'écrits afin de comprendre le sens des persécutions qu'ils vivent. À la différence des Évangiles qui sont surtout formés des paroles de Jésus transmises d'abord oralement, puis mises par écrit, ces passages apocalyptiques sont des récits qui ont été immédiatement rédigés. Ils sont nés en temps de crise pour redonner l'espérance au peuple. Ils veulent assurer que Dieu promet la victoire finale du bien, même si le mal qui règne semble tout-puissant. Ils emploient des images symboliques qui sont propres à ce genre littéraire.

Ici, le récit est lié à l'annonce de la destruction du Temple de Jérusalem. Jésus en a déjà parlé lors de son entrée dans la ville, au « jour des rameaux » :

> Quand Jésus s'approcha de la ville, il pleura sur elle : « Il viendra pour toi des jours où tes ennemis t'encercleront de retranchements, feront le siège et te presseront de tous côtés. Ils t'écraseront, toi et tes enfants… ils ne laisseront pas en toi pierre sur pierre. » (Lc 19,41-44)

Imaginons le choc que produira cette destruction du sanctuaire, qui adviendra en l'an 70, 35 ans environ après la mort de Jésus. Le Temple est non seulement l'orgueil, la fierté des Juifs par sa beauté grandiose, mais il est surtout le symbole de la présence de Dieu au milieu de son peuple. Le sanctuaire est au cœur de la vie d'Israël. Il rappelle sans cesse qu'Israël est le peuple que Dieu s'est choisi. Israël se considère comme un peuple à part, qui n'est semblable à aucun autre dans cette longue histoire qui se joue entre Dieu et l'humanité. Le Temple détruit signifie que Dieu a abandonné son peuple.

Déjà, lorsque les Babyloniens ont détruit le premier Temple en 587, les prophètes avaient interprété cet événement comme étant le signe de la rupture de l'alliance entre Dieu et son peuple. Jérémie avait proclamé que c'était la conduite immorale du peuple qui avait été la cause de la destruction du Temple :

> Vu que (moi Dieu) je vous ai parlé inlassablement sans que vous m'ayez écouté, la Maison, sur laquelle mon Nom a été proclamé, sera traitée comme j'ai traité Silo : je vous rejetterai loin de moi. (Jr 7,13-15)

Les premiers chrétiens vont interpréter la destruction du Temple en 70 de notre ère comme la fin de l'alliance entre Dieu et Israël et son remplacement par une alliance nouvelle avec l'Église. Cela incitera les chrétiens à nommer l'alliance avec Moïse « l'Ancienne alliance », « l'Ancien testament ». Mais il vaudrait mieux parler de la « Première alliance » avec le peuple juif, et parler d'un « renouvellement de l'Alliance » dans la personne de Jésus et de l'élargissement de l'alliance à tous les peuples. L'alliance nouvelle ne rend pas caduque la première. Et les chrétiens devront veiller à garder cette alliance toujours nouvelle, sinon l'Alliance risque de se scléroser et devenir morte.

L'élargissement de l'alliance à des disciples de toutes les nationalités doit être aussi le souci constant des chrétiens s'ils veulent rester fidèles à leur maître, comme le raconte Mathieu :

> Allez donc : de toutes les nations faites des disciples, les baptisant au nom du Père et du Fils et du Saint Esprit, leur apprenant à garder tout ce que je vous ai prescrit. Et moi, je suis avec vous tous les jours jusqu'à la fin des temps. (Mt 28,19-20)

Pour Jésus, c'est toute l'humanité que Dieu veut rassembler en sa communion. Mais il faut aussi se rappeler que le règne de Dieu s'établit au-delà des frontières de l'Église. Il se bâtit dans l'Israël spirituel mais aussi en tout cœur humain qui vit d'amour. En tout être de bonne volonté, l'Esprit de Dieu agit et porte des fruits. Chaque personne, qui vit de bonté généreuse — même si elle ignore Dieu —, accueille en son cœur l'amour qui vient du Père, Lui qui est source de tout amour. Elle fait donc partie du règne de Dieu. Ce sera en chaque peuple, en chaque race, en chaque croyance, que le chrétien est appelé à découvrir l'Esprit de Dieu qui agit.

Les humains défailliront de frayeur dans l'attente de ce qui vient sur l'humanité, car les puissances des cieux seront ébranlées

Jésus élargit sa vision au-delà de la destruction du Temple.

> On portera la main sur vous et on vous persécutera… Vous serez haïs de tous à cause de moi. (Lc 21,12.17)

Il veut donner sens aux persécutions que devront affronter les disciples, comme il a donné sens à sa passion et à sa propre mort. Afin qu'ils ne perdent pas courage dans les persécutions, Jean raconte que Jésus annonce déjà les épreuves auxquelles ses disciples seront confrontés :

> Le disciple n'est pas plus grand que son maître. Ils m'ont persécuté, ils vous persécuteront. (Jn 15,20)

> Je vous ai dit cela afin que vous ne succombiez pas par cette épreuve. (Jn 16,1)

> Je vous ai dit cela pour qu'en moi vous ayez la paix. En ce monde vous êtes dans la détresse, mais prenez courage, j'ai vaincu le monde ! (Jn 16,33)

Jésus enverra son Esprit qui fera de ses disciples des témoins :

> Je vous donnerai un langage et une sagesse
> que ne pourra contrarier ni contredire aucun
> de ceux qui seront contre vous (Lc 21,15)

Pour signifier cette victoire sur le mal, Jésus reprend une image du prophète Daniel : celle du *Fils de l'homme qui vient dans la nuée avec puissance et grande gloire.* Autrefois, le prophète Daniel avait décrit comment le peuple de Dieu triompherait de toutes les épreuves de son occupation par les puissances ennemies :

> Je regardais dans les visions de la nuit, et voici
> qu'avec les nuées du ciel venait comme un
> Fils d'Homme ; il arriva jusqu'au Vieillard, et
> on le fit approcher en sa présence. Et il lui fut
> donné souveraineté, gloire et royauté : les gens
> de tous peuples, nations et langues le servaient.
> Sa souveraineté est une souveraineté éternelle
> qui ne passera pas, et sa royauté, une royauté
> qui ne sera jamais détruite. (Dn 7,13-14)

Jésus a souvent repris cette image du Fils de l'homme pour exprimer la certitude de sa victoire sur le mal. Lors de sa comparution devant le grand-prêtre, il s'exprimera ainsi :

> Désormais le Fils de l'homme siégera à la
> droite du Dieu puissant. (Lc 22,69)

Ici, cette victoire est traduite dans un langage apocalyptique qui utilise des images cosmiques :

> Il y aura des signes dans le soleil, la lune et les étoiles et sur la terre les nations seront dans l'angoisse, effarées du fracas de la mer et des flots. Les humains défailliront de frayeur dans l'attente de ce qui vient sur l'humanité, car les puissances des cieux seront ébranlées. (vv. 25-26)

Ces bouleversements de l'univers veulent signifier que la fin de ce monde marquera le début d'une nouvelle création. Mais ce qui sera achevé à la fin du temps est déjà commencé : c'est tout au long de l'histoire, avec tous les humains de bonne volonté, que Dieu ne cesse de créer l'humanité toujours nouvelle. Et en Jésus, qui est le fils parfait du Père, ce renouvellement est accompli, car il a vaincu le mal en vivant toute son existence dans l'amour, jusqu'au don total sur la croix.

Relevez-vous et gardez vos têtes hautes : car elle est proche, votre délivrance

Cette nouvelle création est donc déjà commencée. Ce n'est qu'ici que Luc emploie ce mot *délivrance* dans son Évangile. On le retrouve plusieurs fois chez Paul :

> [Dieu] nous a arrachés au pouvoir des ténèbres et nous a transférés dans le royaume du Fils de son amour en qui nous avons la *délivrance*, le pardon des fautes. (Col 1,14)

> Tous deviennent justes gratuitement par la grâce [de Dieu] en vertu de la *délivrance* accomplie en Jésus. (Rm 3,24)

> En lui, nous avons la *délivrance* par son sang, en lui nos fautes sont pardonnées selon la richesse de sa grâce. (Ep 1,7)

Nous voyons que la délivrance est associée au pardon et à la grâce. Par l'amour divin de Jésus, amour qui a été jusqu'au don de sa vie, nous devenons des êtres libérés.

Le pardon, c'est en effet le travail de guérison que l'amour de Jésus réalise en nous. Lorsque le mal nous tient en son pouvoir, lorsque nous sommes dans les ténèbres, si nous accueillons l'amour gratuit de Jésus, cet amour va transformer nos cœurs. Nous vivons alors par Jésus, en communion profonde avec lui :

> Vous existez vraiment dans le Christ Jésus qui est devenu pour nous sagesse venant de Dieu, justice, sanctification et délivrance. (1Co 1,30)

Voilà l'essentiel de notre foi chrétienne : il y a un être humain, semblable à nous, un terrien comme nous, mais qui vit une communion unique avec le Père et qui nous donne ainsi accès à la sagesse qui vient de Dieu.

> Dieu nous a prodigué [la richesse de son amour en nous ouvrant à toute sagesse et

intelligence, en nous faisant connaître le mystère de sa volonté. (Ep 1,8-9)

En nous nourrissant de la pensée de Jésus, en gardant ses paroles dans notre mémoire profonde, en vivant selon son esprit, nous sommes en cheminement vers la vraie liberté, vers le véritable amour.

Tenez-vous sur vos gardes de crainte que vos cœurs ne soient accablés

La puissance du mal, qui nous sollicite sans cesse, est symbolisée ici par les excès et les abus, l'ivrognerie et les anxiétés. On peut rapprocher cette description de celle de la parabole de la semence où la parole de Dieu est étouffée par les soucis, les richesses, les plaisirs (*cf.* Lc 8,14). Cette description est sans doute inspirée par les images de la nuit où règne l'empire des ténèbres. L'apôtre Paul a peut-être inspiré Luc. Ainsi nous lisons dans la lettre aux Romains :

> Conduisons-nous honnêtement, comme en plein jour, sans ripailles ni beuveries, sans coucheries ni débauches, sans querelles ni jalousies. (Rm 13,13)

De même dans la 1ʳᵉ lettre aux Thessaloniciens :

> Ceux qui s'enivrent, c'est la nuit qu'ils s'enivrent. Mais nous qui sommes du jour, soyons

sobres et revêtus de la cuirasse de la foi et de l'amour avec le casque de l'espérance du salut. Dieu ne nous a pas destinés à la colère mais au salut par Jésus. (1Th 5,7-9)

Il nous faut sans cesse nous redire notre destin, le rêve de Dieu pour nous : que nous devenions ses fils et ses filles, éternisés par l'amour. Alors, au-delà des ténèbres de ce monde, notre attente doit être marquée, non par la crainte du jugement divin mais par la joie de la liberté dans l'amour. Rappelons-nous la forte pensée d'Irénée de Lyon (IIIe siècle) : « La gloire de Dieu, c'est l'être humain vivant. »

Cette vie que Dieu nous offre ne peut se faire que par la vision de Dieu. Et nous, chrétiens, nous ne parvenons à cette vision de l'Invisible, du Père divin, que si nous sommes en communion constante avec Jésus. À travers la lecture priante de sa Parole dans l'Évangile, nous pouvons être en vraie communication avec lui. Mais il nous faudra cependant être vigilants : toujours être en éveil quant à la qualité de notre amitié avec Jésus, celui qui est notre frère bien-aimé, notre ami, notre Seigneur. C'est que toute relation d'amitié ou d'amour doit être ravivée sans cesse. Sinon, elle risque fort de s'étioler et de perdre vie. « On est responsable de sa rose », disait le renard au petit Prince. Et pourtant on considère bien vite que l'amour de celui, de celle qui nous aime

est une chose acquise. Il n'est plus alors ce
merveilleux cadeau que l'on s'étonne sans
cesse de recevoir. Ce don qui nous est fait
gratuitement… et qui ne peut jamais être
quelque chose que l'on mérite. Voilà où se
trouve notre attente : malgré un monde marqué par le mal, on peut vivre de l'Esprit de
Dieu qui est amour.

Veiller, avec un zèle jaloux, sur nos liens
de communion avec Jésus, c'est aussi veiller
sur nos liens fraternels entre disciples. Dans
la lettre aux Thessaloniciens, Paul décrit ce
que doit être notre vigilance :

> Réconfortez-vous mutuellement et édifiez-
> vous l'un l'autre. […] Vivez en paix entre
> vous […] Donnez du courage à ceux qui en
> ont peu. Soutenez les faibles. Soyez patients
> envers tous. Prenez garde que personne ne
> rende le mal pour le mal. Recherchez tou-
> jours le bien, entre vous et à l'égard de tous.
> Soyez toujours dans la joie. […] Rendez grâce
> en toute circonstance. (1Th 5,11-18)

De tels conseils ne sont-ils pas tout
imprégnés de tendresse et de bonté ? Mais,
redisons-le : ce ne sera que par la communion avec Jésus que nous pourrons espérer
vivre de telles relations de fraternité.

Tenez-vous sur vos gardes de crainte... que ce Jour ne fonde sur vous à l'improviste

Le lecteur de la Bible est familier de l'image du voleur : celui qui vient toujours à l'improviste. À la suite de Jésus, Paul emploie encore cette image :

> Le Jour du Seigneur vient comme un voleur dans la nuit. [...] Mais vous, frères, vous n'êtes pas dans les ténèbres pour que ce Jour vous surprenne comme un voleur. (1Th 5,2.4)

On peut s'étonner de cette image. Elle signifie peut-être que la venue du Fils de l'homme se fera dans un monde qui sera encore marqué par les ténèbres. En effet, la victoire de Jésus sur le mal n'implique pas forcément qu'il aura pu rassembler tous les humains dans la communion du Père. La parabole du Jugement dernier laisse au contraire envisager comme possible qu'un certain nombre d'êtres humains aient refusé de vivre dans l'amour :

> Alors il dira à ceux qui seront à sa gauche : « Allez-vous-en loin de moi... car j'ai eu faim et vous ne m'avez pas donné à manger. » (Mt 25,41-42)

Si la venue du Fils de l'homme est envisagée de nuit, c'est pour signifier que le monde sera toujours le champ d'une lutte entre les ténèbres et la lumière. La justice et la paix seront toujours menacées, toujours à reconquérir. Jamais on ne pourra « s'asseoir » en pensant que le règne de l'amour est enfin arrivé. Et cela est vrai des sociétés parce que c'est vrai de chaque personne. Jusqu'à la fin, parce qu'ils sont libres, les humains seront placés devant le choix suivant : Dieu et l'amour ou bien la voie du mal. Chaque être humain qui vient au monde se trouve devant ce choix, comme s'il était au début de l'histoire humaine.

Jamais personne ne pourra « s'asseoir » en se disant qu'il a atteint la sainteté et que désormais la bonté et la miséricorde dicteront tous ses actes. Le saint n'est pas celui qui est arrivé et qui ne pèche plus. Le saint est davantage celui qui est possédé par l'amour de Dieu et des autres. Et cet amour ne cesse de le rendre plus clairvoyant sur ses propres manques. Le saint est ainsi celui qui se reconnaît chaque jour davantage pécheur.

Veillez ! En tout temps priez

Je dors mais mon cœur veille, dit l'amante du Cantique des cantiques (*cf.* Ct 5,2). Veiller c'est donc être dans l'attente et être attentif. Dans l'ardente attente de cette vie d'amour, de bonté et de paix qui nous est promise. Il n'est pas toujours facile de garder l'espérance à certains moments de l'existence. Quand la mort s'abat sur ceux qui nous sont chers, quand le mal vient briser nos liens d'affection les plus forts, quand il semble qu'il n'y a plus rien à espérer, la tentation est grande alors de désespérer… même de Dieu. Dans la prière que Jésus nous fait dire chaque jour, nous demandons au Père de ne pas être abandonnés quand vient la tentation. Il ne s'agit pas là d'abord de nos tentations de mal faire mais surtout de notre tentation de ne plus rien attendre de Dieu, de ne plus croire que l'amour est plus fort que tout : plus fort que notre péché, plus fort que la mort. Mais attendre ne signifie pas ne rien faire. Être en attente vis à vis de Dieu, c'est creuser en nous l'espace où Dieu pourra agir.

Rappelons cette réflexion de Gabriel Marcel que nous pouvons appliquer à notre relation avec Dieu :

> Aimer un être c'est attendre de lui… c'est en même temps lui donner le moyen de répondre à cette attente. Si paradoxal que cela puisse paraître, attendre c'est en quelque façon donner ; mais l'inverse n'est pas moins vrai : ne plus attendre, c'est contribuer à frapper de stérilité l'être dont on n'attend plus rien, c'est en quelque manière lui retirer la possibilité d'inventer, de créer. Tout permet de penser qu'on ne peut parler d'espérance que là où

existe cette interaction entre celui qui donne et celui qui reçoit, cette commutation qui est la marque de toute vie spirituelle. (*Homo viator*, Paris, Aubier, 1994, p. 66 s.)

Prier ce sera donc se tenir disponible devant Dieu. Se placer sous son regard, ou plutôt exposer notre esprit à la lumière du sien. Permettre à l'Esprit divin d'insuffler en nous l'intelligence divine des choses et des événements, pour ne pas tomber dans la tentation d'un regard plein de pessimisme et de désespérance. Terminons par ce texte extrait d'une conférence du frère Émile de Taizé :

«À quoi bon ? » Cette question hante et fait trébucher une partie de la jeunesse dans ses tâtonnements si exposés au découragement. La désillusion est certaine. Les sociétés paraissent soumises à d'invincibles forces d'égoïsmes. Comment croire qu'il puisse exister un rapport entre mes faibles forces et les engrenages qui sont à l'œuvre ? Le sentiment d'impuissance qui naît de cette dérision passe pour la seule forme de lucidité et de réalisme. Mais Dieu fait du neuf ! Il nous faut déchiffrer les signes de résurrection dans les apparences contraires de la mort. Quand on voit tout ce qui se fait et qu'on ne savait même pas que cela existait, alors on se dit que ce n'est peut-être pas fini et on est d'accord pour relever les manches.

... *pour vous tenir debout en présence du Fils de l'Homme*

Voilà la source de notre espérance. En cet homme, Jésus de Nazareth, Dieu a trouvé un cœur qui a été fidèle à l'amour, jusqu'au bout du pardon, jusqu'à livrer sa vie. C'est en lui, lui que le Père a ressuscité, que ses disciples peuvent venir puiser la force d'aimer. Il est le Fils de l'homme, venu sur cette planète il y a environ 2000 Noël, pour nous guérir de la désespérance. Voilà le souffle de vie que doit nous redonner notre Avent... un souffle qui ne peut nous habiter que s'il nous traverse pour rejoindre nos compagnons et compagnes de vie.

*
* *

Jésus, tiens mon cœur éveillé
quand tu viens maintenant
en mon frère blessé, en ma sœur humiliée.
Libère en moi la lumière apaisante
de ta délivrance.
Forge en moi ta parole de paix.
Délivre-moi de l'angoisse et apprends-moi
que la ténèbre n'est point ténèbre devant toi,
que la nuit comme le jour est lumière. Amen!

QUESTIONS DE COMPRÉHENSION ET D'APPROPRIATION

1. Que veut dire : apocalypse ?

2. Pourquoi Jésus utilise-t-il ces images d'apocalypse ?

3. Quel rôle joue le Temple dans l'histoire du peuple de Dieu ?

4. Comment Jésus se comporte-t-il vis-à-vis du Temple ?

5. Pourquoi parler de « première » et de « nouvelle » alliance ?

6. Comment comprendre le titre de « Fils de l'homme » ? Pourquoi Jésus s'est-il appliqué ce titre ?

7. Que signifie l'image de ce Jour qui survient la nuit ?

8. « Veiller » signifie-t-il simplement attendre ? Comment suis-je en état de veille dans ma vie ?

9. Comment vivre d'espérance devant la situation actuelle de l'Église dans certains pays d'Occident ?

2ᵉ dimanche de l'Avent
Luc 3,1-6

ÉVANGILE DE JÉSUS
selon l'écrit de Luc

Dans la quinzième année du gouvernement de Tibère César, Ponce Pilate étant gouverneur de la Judée, Hérode tétrarque de la Galilée, Philippe son frère tétrarque de l'Iturée et du pays de Trachonide, et Lysanias tétrarque de l'Abilène, sous le sacerdoce d'Anne et Caïphe, la Parole de Dieu est adressée à Jean, fils de Zacharie, dans le désert. Il vient dans toute la région du Jourdain en proclamant un baptême de conversion pour le pardon des péchés, selon qu'il est écrit dans le livre des paroles d'Isaïe le prophète : « Voix de celui qui crie dans le désert : préparez la route du Seigneur, rendez droits ses sentiers, tout ravin sera comblé, toute montagne et colline seront abaissées et les courbes deviendront ligne droite et les rocailles deviendront des routes lisses. Et tout être humain verra le salut de Dieu. »

Les deux premiers chapitres de Luc ont été consacrés à l'enfance de Jésus. Au début de ce troisième chapitre, Luc rejoint le corps central de l'Évangile, composé des catéchèses orales qui se sont transmises après Pâques au sein des communautés chrétiennes. Ces catéchèses commencent au baptême de Jésus et vont jusqu'à la passion. Notre passage introduit cette séquence sur le baptême en décrivant le rôle de Jean le baptiste.

Dans la quinzième année du gouvernement de Tibère César

Luc ouvre la mission de Jean — et du même coup celle de Jésus — en les situant dans l'histoire du monde mais aussi dans celle du peuple de Dieu. Tibère est l'empereur romain, c'est-à-dire le maître du monde méditerranéen. On est en l'an 782 de la fondation de Rome, l'an 26 de notre ère. Jean le baptiste débute sa prédication à la quinzième année du règne de Tibère.

Ponce Pilate est gouverneur de Judée

Au nom de l'empereur, Pilate sera gouverneur de la Judée de l'an 26 à l'an 36. Ce territoire recouvre la Judée proprement dite (la région de Jérusalem) ainsi que la Samarie et l'Idumée. Une inscription, découverte en 1961, l'appelle plus précisément : préfet.

Chaque dimanche, dans le Credo, nous men-
tionnons son nom : « Il a été crucifié pour
nous sous Ponce Pilate… » Pilate aura d'ailleurs
la renommée d'être un administrateur dur
et impitoyable qui fera crucifier des cen-
taines de Juifs.

Hérode tétrarque de la Galilée

Hérode Antipas gouverne la Galilée et la
Pérée de l'an 4 avant notre ère à l'an 39 de
notre ère. Le royaume de son père Hérode
le grand avait été divisé en quatre territoires, gouvernés chacun par un tétrarque.
Hérode est souvent nommé dans l'œuvre de
l'écrivain juif Flavius Joseph. Les évangiles
nous le présentent comme le responsable
de la mort de Jean-Baptiste (*cf.* Mt 14,3-12),
et comme l'adversaire de Jésus. Parce qu'il
était de Nazareth, Jésus relevait de l'autorité
d'Hérode (*cf.* Mc 6,14-16).

Philippe, son frère, tétrarque du pays d'Iturée et de Trachonide

Il est sans doute le plus sage des fils d'Hérode.
En plus de quelques territoires juifs que Luc
ne nomme pas, il gouvernera plusieurs dis-
tricts païens, qui s'étendent au nord-est du
lac de Tibériade, de l'an 4 avant notre ère à
l'an 34 de notre ère.

Lysanias, tétrarque d'Abilène

Ce prince était inconnu jusqu'à la découverte, à Abila en 1912, d'une inscription qui le désigne comme tétrarque sous le règne de Tibère. Luc le nomme sans doute par souci de désigner deux tétrarchies peuplées de Juifs (celle de Pilate et celle d'Hérode) et deux tétrarchies peuplées de païens (celle de Philippe et celle de Lysanias). Luc veut ainsi montrer que, désormais, le Dieu de l'alliance révèle son Amour *au monde entier*.

Sous le sacerdoce d'Anne et Caïphe

Le récit situe maintenant Jésus dans l'histoire du peuple de Dieu. En fait, il n'y a qu'un grand prêtre en fonction de l'an 18 à l'an 36 de notre ère : Caïphe. Mais son beau-père Anne, grand prêtre déposé en l'an 15, exerce encore une influence considérable à travers ses cinq fils et son gendre (Caïphe) qui vont lui succéder tour à tour. Cela explique aussi sa mention à côté de Caïphe lors du procès de Jésus :

> Ils le conduisirent tout d'abord chez Anne. Celui-ci était le beau-père de Caïphe, qui était le Grand Prêtre cette année-là ; c'est ce même Caïphe qui avait suggéré aux Juifs qu'il est avantageux qu'un seul homme meure pour le peuple. (Jn 18,13-14)

Voilà donc la venue de Jésus située dans l'histoire du monde contemporain de Jésus qui est surtout celui de l'empire romain : un empire qui s'étend sur tout le bassin méditerranéen. En cette période où le peuple de Dieu est sous l'occupation de la Rome païenne, est-il possible que le règne de Dieu puisse s'établir à nouveau ? La mission de Jean va susciter l'espérance de la proche venue du Messie, celui qui doit redonner à Israël la liberté et la paix. Un texte des Actes des apôtres résume bien ce moment unique de l'histoire :

> C'est de la descendance de David que Dieu, selon sa promesse, a fait sortir Jésus, le Sauveur d'Israël. Précédant sa venue, Jean avait déjà proclamé un baptême de conversion pour tout le peuple d'Israël… (Ac 13,23-24)

La parole de Dieu est adressée à Jean, fils de Zacharie, dans le désert

Cette phrase s'inspire tout spécialement de la vocation de Jérémie telle qu'elle est décrite dans le livre biblique :

> À lui [Jérémie] fut adressée la parole du Seigneur, aux jours de Josias, fils d'Amon et roi de Juda, la treizième année de son règne… (Jr 1,2)

En évoquant ainsi Jérémie, Luc veut décrire la mission de Jean comme étant celle d'un prophète. Il faut se souvenir qu'aucun prophète ne s'est levé en Israël depuis cinq siècles. Le psaume exprime ce long silence :

> Nos signes ont cessé, il n'est plus de prophètes, et nul parmi nous ne sait jusques à quand. (Ps 74,9)

Le premier livre des Maccabées, qui couvre 40 années de l'histoire d'Israël — de l'avènement d'Antiochus Épiphane, en 175, à la mort de Simon, en 134 avant notre ère —, mentionne cette interruption de la prophétie :

> Il sévit alors en Israël une oppression telle qu'il ne s'en était pas produit de pareille depuis que l'on n'y avait plus vu de prophète. (1M 9,27)

Cette absence de prophètes pouvait être ressentie comme si la parole de Dieu était devenue muette. Luc nous a déjà avertis : quelque chose se prépare dans la personne de Jean, le fils de Zacharie et d'Élisabeth.

> Quant à l'enfant, il grandissait et son esprit se fortifiait ; et il fut dans le désert jusqu'au jour de sa manifestation à Israël. (Lc 1,80)

Dans le désert... Ce lieu n'est-il pas à la fois le lieu de la solitude mais aussi celui de la rencontre avec Dieu ? À cette époque, certains Juifs très pieux et hostiles aux grands-prêtres — qu'ils considèrent comme des créatures de l'empereur païen puisqu'ils sont nommés directement par lui — se sont retirés au désert, dans la région de Qumrân. Il semblerait que Jean ait eu quelques contacts avec cette communauté essénienne qui représente sans doute à ses yeux un mode de vie exigeant et interpellant pour préparer les Juifs à la venue du messie. Cette secte juive vivait ce que rapporte le livre des Maccabées :

> Nombre de gens soucieux de justice et de droiture descendirent au désert pour s'y fixer. (1M 2,29)

Le texte d'Isaïe : *Dans le désert préparez le chemin du Seigneur* (Is 40,3) — qui va servir aux évangiles à décrire la mission de Jean — est aussi celui par lequel la Règle de Qumrân exprimait son idéal (*cf.* 1Qs 8,14). En vivant ainsi dans le désert, Jean veut signifier qu'il vient préparer l'intervention du Seigneur-Dieu. Cette intervention devra trouver les Juifs préparés. Jean propose à tous un baptême de conversion.

Il vient dans toute la région du Jourdain, en proclamant un baptême de conversion, en vue du pardon des péchés

Que signifie ce baptême de conversion ? Il ne s'agit pas ici de quelqu'un qui passe de l'incroyance à la foi en Dieu. Le mot grec *metanoia* (changement de mentalité) correspond au mot hébreu *chûv* (tourner, retourner). La *techouva* est le retour à une pratique plus fidèle de la *Tora*. Le mot *conversion* convient bien, si on le comprend dans le sens du mot latin *conversio* qui signifie retournement. Les prophètes, surtout depuis Jérémie, lançaient des appels constants à faire un vrai *retour* au Dieu d'Israël, le Dieu de l'alliance avec Moïse. Pour cela il fallait rompre avec le principal péché, celui d'idolâtrie, qui était de suivre les cultes païens. Mais c'était aussi de rompre avec toutes les injustices qui sont contraires à la *Tora* de Dieu.

De même, Jean demande ici de changer de conduite et d'avoir un comportement qui traduit une vraie conversion. Ce retournement vers Dieu, ce changement de mentalité va être signifié par la réception d'un baptême d'eau. Ce geste extérieur doit être la traduction d'un changement intérieur. Déjà le judaïsme connaissait de nombreuses ablutions d'eau pour se purifier avant de prier. La communauté de Qumrân pratiquait des rites d'ablution d'eau pour exprimer le désir de changer son cœur. La nouveauté de Jean, c'est d'offrir le baptême à tous et de ne le pratiquer qu'une seule fois comme étant l'ultime préparation au Jour du Jugement. Pour Jean, le Jour du Jugement approche, qui sera le grand Jour où Dieu va manifester sa Colère envers ceux qui font le mal. Ainsi il pourra rétablir son règne sur son peuple. Jérémie, comme tous les prophètes, annonçait déjà le temps de la conversion :

> Voici l'alliance que je conclurai avec la maison d'Israël, après ces jours-là, oracle du Seigneur. Je mettrai ma *Tora* au fond de leur être et je l'écrirai sur leur cœur. Alors je serai leur Dieu et eux seront mon peuple. Ils n'auront plus à s'instruire mutuellement, se disant l'un à l'autre : « Ayez la connaissance du Seigneur ! » Mais ils me connaîtront tous, des plus petits jusqu'aux plus grands, parce que je vais pardonner leur crime et ne plus me souvenir de leur péché. (Jr 31,33-34)

Je mettrai ma Tora *au fond de leur être…* Voilà peut-être la grande attente : avoir une règle de vie qui ne soit plus extérieure à nous, simplement écrite sur des tables de pierre, des rouleaux de parchemin… Avoir une règle inscrite dans le cœur. Ce sera l'œuvre de l'Esprit de Dieu. Ce baptême de Jean n'est pas encore le baptême que donnera le Messie. Luc l'exprime clairement, aux dires de Jean lui-même :

> Moi, je vous baptise d'eau ; mais il vient, celui qui est plus fort que moi… Lui, il vous baptisera dans l'Esprit Saint et le feu. (Lc 3,16)

On retrouvera la même description chez l'apôtre Paul :

Jean donnait un baptême de conversion et il demandait au peuple de croire en celui qui viendrait après lui, c'est-à-dire en Jésus. (Ac 19,4)

La mission du messie Jésus sera de transmettre l'Esprit, comme Pierre le dira dans le livre des Actes des apôtres :

Convertissez-vous ; que chacun de vous reçoive le baptême au nom de Jésus Christ pour le pardon de ses péchés, et vous recevrez le don du Saint Esprit. (Ac 2,38)

La mission de Jean est d'ouvrir la voie qui conduit au messie. Le messie donnera le pardon en transmettant la force de l'Esprit de Dieu. C'est l'Esprit qui pardonnera réellement en guérissant les cœurs, en mettant en chacun la force de l'amour divin. Pour Paul, la foi en Jésus, la vie en communion avec lui sera la force qui libère. La *Tora* seule — les préceptes de conduite que Dieu a révélés — ne donne pas cette force d'accomplir le bien et de vivre dans l'amour. La Règle de la *Tora* nous dit où se trouve notre faute, notre péché, mais elle ne permet pas d'être fort contre le mal, comme il est expliqué dans le livre des Actes des Apôtres :

Celui que Dieu a ressuscité n'a pas connu la décomposition. Sachez-le donc, frères, c'est grâce à lui que vous vient l'annonce du pardon des péchés, et cette justification, que vous n'avez pas pu trouver dans la *Tora* de Moïse, c'est en lui qu'elle est pleinement accordée à tout être qui croit. (Ac 13,37-39)

Que penser de l'expression «en vue du pardon des péchés»? Quel sens donnons-nous au mot «péché»? N'est-ce pas de se détourner de Dieu et se refermer sur nous-même, c'est-à-dire de mettre sa confiance en soi seul et penser être capable d'accomplir seul les règles de la *Tora*, au lieu de s'ouvrir à Celui qui est source de l'amour? Face à ce péché, la parole de Jean peut interpeller: quel est notre véritable désir de vivre en harmonie avec la Source divine? Sommes-nous convaincus que l'être humain peut vivre une relation réelle — même si elle est invisible — avec ce Dieu et Père qui nous aime par Jésus? Qui est-Il ce Père divin qui respecte notre liberté au point qu'Il ne s'impose jamais? Refuser Dieu, c'est refuser de puiser à la source de l'amour et nous refermer dans notre suffisance. Un tel repliement engendre l'angoisse, la détresse. Dieu, Lui, ne se lasse jamais de venir vers nous pour nous accueillir quand nous revenons vers Lui.

Dieu n'est pas juste, il est plus que juste, in-finiment, il est folie d'amour qui ne cesse de descendre dans notre enfer pour nous ressusciter. Chacun de nous est l'ouvrier de la 11ᵉ heure, auquel rien d'autre n'est demandé qu'un cri de confiance et d'espoir. Le seul péché, en définitive, c'est « de ne pas comprendre la grâce de la résurrection ». (Olivier Clément, *Sources*, Paris, Stock, p. 273)

Le don de l'Esprit qui nous fait revenir vers Dieu est déjà résurrection. Ce temps de l'Avent n'est-il pas une occasion pour découvrir que nous sommes dignes d'être pardonnés parce que dignes d'être aimés de Dieu ? Ce sentiment d'être aimé est la condition nécessaire pour vivre le pardon, pour expérimenter le pardon comme ce qui me guérit du manque d'amour qui m'empêche de vivre pleinement. Nous comprenons trop le pardon comme ce qui vient effacer les torts faits aux autres ou ce qui fait oublier les manquements à l'idéal que nous avons de nous-même. Le pardon est plus large que l'effacement de nos péchés. Il est cette communion à un être qui nous communique un amour plus grand que celui que nous vivons. Il est communion à une Source de vie plus forte que nos capacités d'aimer. Jean Monbourquette qualifie ce sentiment d'expérience « fondamentale » :

Fondamentale, car elle procure plus que toutes les autres expériences le sentiment d'être reconnu et estimé pour ce que l'on est au plus profond de soi. On se sent alors aimé d'une manière inconditionnelle en dépit de ses laideurs, de ses défauts, de ses insuccès ou de ses transgressions. À ce moment-là, on dirait que le Moi profond se savait relié à la source de l'amour et inséparable d'elle. On pourrait comparer ce sentiment à la chaude impression de sécurité et de confiance de l'enfant voulu et aimé pour lui-même par ses parents. Bien qu'on puisse éprouver une grande culpabilité à la suite de fautes ou d'erreurs, le sentiment d'avoir été pardonné est encore plus fort. Il procure l'assurance de ne plus jamais perdre cette source d'amour infini. On sait qu'on peut, en tout temps, revenir s'abreuver à cette source et se revoir confirmé dans l'amour. (*Comment pardonner?*, Ottawa, Novalis, p. 186)

Selon qu'il est écrit dans le livre des paroles d'Isaïe le prophète

Luc reprend un poème d'Isaïe. Alors qu'Israël était privé de sa liberté et vivait en exil à Babylone, le prophète annonçait son retour vers son pays. Cette annonce du retour, qui serait l'œuvre de Dieu, apportait un réconfort à Israël. Le Seigneur se mettra à la tête de son peuple et le conduira en un nouvel Exode, de Babylone à Jérusalem. Par cette évocation, Luc situe Jean dans la lignée des grands prophètes. À nouveau, dans le contexte de l'occupation d'Israël par Rome, Jean accomplit la première étape de la réalisation de la libération:

Voix de celui qui crie dans le désert : préparez
la route du Seigneur, rendez droits ses sentiers. (v. 4)

Il vient enfin ce messie que le peuple
attend depuis longtemps. Le Baptiste s'implique avec toute son ardeur pour préparer
cette venue imminente. Même s'il vit dans
le désert, il ne reste pas caché à la vue du
monde ; il sort et les gens viennent à lui,
comme le spécifie l'évangéliste Marc :

Tout le pays de Judée et tous les habitants de
Jérusalem se rendaient auprès de lui. (Mc 1,5)

Tout ravin sera comblé, toute montagne et colline seront abaissées et les courbes deviendront ligne droite et les rocailles deviendront des routes lisses

André Chouraqui rappelle le sens symbolique que les commentaires juifs ont donné à
ces expressions imagées : le *val (ravin)* re-
présenterait les pauvres, ceux qui sont au
bas de l'échelle sociale ; les *montagnes*, les
collines, sont ceux qui les dominent ; le *tor-
tueux*, c'est le pouvoir qui oppresse Israël ;
les *escarpements* (chemins rocailleux) sont
les obstacles qui se dressent sur la voie qui
mène au Seigneur-Dieu (*cf. Évangile selon
Luc*, Lattès, p. 91).

Aujourd'hui, tous ces symboles de pauvreté, d'oppression et de pouvoir existent

malheureusement encore. Donnons-en quelques exemples. Ainsi, au Québec et dans le
monde, se crée une solidarité des femmes
devant des situations d'iniquités sociales,
comme en témoigne cette marche mondiale
des femmes d'octobre 2000. Elles aussi crient
comme le baptiste :

> Dans ce monde, les femmes et leurs enfants
> sont les premières victimes des décisions de
> la haute finance et de ses basses œuvres. Plus
> de la moitié du monde en ses enfants est
> pauvre, marginale et maintenue en état de
> survie. Ça suffit ! On nous dit qu'il faut sabrer
> dans les acquis sociaux parce qu'on n'a pas le
> choix, qu'il faut atteindre le déficit zéro et
> maintenir la cote de crédit. C'est comme si
> on nous disait qu'on n'a pas le choix d'igno-
> rer et de mépriser la majorité d'entre nous. Il
> y a toujours moyen de faire autrement, il y a
> toujours d'autres solutions que le mépris. Le
> respect des personnes, en soi, est un choix. Ce
> monde, tel qu'il est, ne fonctionne plus.
>
> Nous exigeons de nos gouvernements qu'ils
> mesurent les effets de leurs politiques sur les
> conditions de vie des gens plutôt que sur leur
> cote de crédit. Nous choisissons de croire que
> l'amour est plus fort que tout, même s'il n'est
> pas coté à la bourse. Nous croyons encore
> que l'amour est la seule issue. Ce n'est pas un
> excès de romantisme, c'est une affirmation
> politique. À jamais nous refusons d'obéir aux
> consignes de guerre, aux consignes de la mort

comme mode de vie. (Déclaration du réseau des femmes CEQ, Québec, 1997)

Le 17 octobre est devenu la Journée internationale pour l'élimination de la pauvreté depuis qu'un fils de pauvres, le père Joseph Wresinski, a lancé lui aussi un cri de détresse :

> Là où des humains sont condamnés à vivre dans la misère, les droits de l'être humain sont violés. S'unir pour les faire respecter est un devoir sacré.

Et tout être humain verra le salut de Dieu

Le salut de Dieu est pour toute chair, pour tout être humain quel qu'il soit. Son message et son action seront pour libérer tout humain : le juste et l'injuste. Il est toujours tentant de croire que le salut arrivera si ce sont les autres qui changent. Il est facile de désigner les méchants comme étant les autres. Bien des groupes religieux juifs se laissaient aller à cette tentation à l'époque de Jésus. Les Esséniens classaient les Juifs en fils de lumière (leur secte) et en fils de ténèbres (les autres). Les Zélotes attendaient la libération de l'écrasement des Romains chassés d'Israël.

Jean, au contraire, appelle tout un chacun à changer sa vie. C'est d'abord sur soi-même qu'il faut travailler. Ce ne sont pas seulement les autres qui doivent changer. Ne prêchons la conversion qu'à nous-même. Aujourd'hui comme hier, la communauté — que le Messie Jésus veut rassembler — est une assemblée d'êtres qui doivent être en continuel chemin de conversion, d'êtres sans cesse renouvelés parce qu'ils se laissent prendre par l'Esprit divin, inspirer par son amour. Nous, disciples de Jésus, nous sommes appelés à préparer le chemin de Dieu, là où nous vivons… et pour aujourd'hui.

*

* *

Souffle de l'Esprit, convertis-moi aujourd'hui et fais-moi vivre la justice de la miséricorde du Père.
Que ton pardon d'amour revienne en moi tous les jours
hanter mes enfers, transformer mes colères,
pour que je témoigne de la bonté
qui sauve nos vies. Amen!

QUESTIONS DE COMPRÉHENSION ET D'APPROPRIATION

1. Pourquoi Luc situe-t-il Jésus dans l'histoire du monde et celle du peuple de Dieu?

2. Que représente le désert dans la Bible?

3. Qu'est-ce que le Jour de la Colère de Dieu, du Jugement?

4. Qu'est-ce que la conversion (*techouva*) pour un Juif?

5. Que penser de l'expression « en vue du pardon des péchés »? Quel sens donnons-nous au mot « péché »?

6. Que veut dire un baptême pour la conversion des péchés?

7. Qu'est-ce que le pardon?

8. « Le seul péché, en définitive, c'est "de ne pas comprendre la grâce de la résurrection". » Comment comprendre cette pensée d'Olivier Clément?

9. Quelles sont les implications des paroles du prophète Isaïe pour aujourd'hui?

3e dimanche de l'Avent
Luc 3,7-18

ÉVANGILE DE JÉSUS
selon l'écrit de Luc

Jean dit aux foules qui viennent se faire baptiser par lui : « Engeance de vipères ! Qui vous
a suggéré d'échapper à la colère qui vient ?
Produisez donc des fruits dignes de conversion ? » Les foules demandent [à Jean le baptiste] : « Alors, que nous faut-il faire ? » Il leur
répond : « Celui qui a deux vêtements, qu'il
partage avec celui qui n'en a pas. Celui qui a
de quoi manger, qu'il fasse de même. » Des
collecteurs d'impôts viennent aussi pour être
baptisés. Ils lui disent : « Maître, que nous faut-
il faire ? » Il leur dit : « Ne percevez pas davantage que le montant fixé. » Des militaires aussi
l'interrogent : « Et nous, que nous faut-il
faire ? » Il leur dit : « Ne faites ni violence ni
tort à personne. Contentez-vous de votre
solde. » Le peuple est dans l'attente. Dans leur
cœur, tous se posent des questions à propos

de Jean : est-ce qu'il ne serait pas le messie ?
Jean répond et dit à tous : « Moi, je vous baptise dans l'eau. Mais celui qui est plus fort
que moi s'en vient : je ne suis pas digne de
dénouer les cordons de ses sandales. Lui, vous
baptisera dans le souffle de sainteté et le feu.
Dans sa main est sa pelle à vanner pour nettoyer à fond l'aire de battage de son blé et
pour recueillir le grain dans son grenier ; mais
il brûlera la bale au feu qui ne s'éteint pas. »
Par ces exhortations, et par bien d'autres
encore, Jean annonce l'Évangile au peuple.

Le récit évangélique de dimanche dernier
présentait la vocation de Jean le baptiseur.
Notre texte donne un aperçu de la prédication de Jean et de sa grande influence sur le
peuple.

Les deux premiers chapitres du récit de
Luc sont consacrés à l'enfance de Jésus. C'est
avec le chapitre 3 que s'ouvre véritablement
la mission de Jésus. Cependant 19 versets de
ce chapitre vont être consacrés à Jean le
baptiste et c'est ici que se situe notre épisode (les versets 10 à 18). Ceux-ci devront
être compris en lien avec les neuf premiers
versets qui présentent l'essentiel de la prédication du prophète Jean : le Jour de la Colère
de Dieu vient ; il faut se préparer si on ne
veut pas être châtié par Dieu. Le début de
notre texte relate la réponse des auditeurs
de Jean à son exhortation. Le verset 19, qui

suit immédiatement, signale l'arrestation de Jean par Hérode qui le fait emprisonner. Cela met un terme à la mission de Jean, telle que les Évangiles nous la rapportent. Luc peut alors véritablement commencer le récit de la mission de Jésus, dont le premier épisode sera le baptême.

Luc est le seul à signaler l'arrestation du baptiste avant le baptême de Jésus. Matthieu et Marc parlent de son arrestation après le baptême de Jésus. Il semble que Luc veuille nous faire comprendre que Jean vient mettre un terme à une période dans l'histoire que Dieu vit avec l'humanité. Avec Jésus commence une nouvelle ère qui s'ouvre par son baptême : «Aujourd'hui, Je t'ai engendré, dit la voix divine. Tu es mon fils bienaimé.» (Lc 3,22) Et aussitôt après, Luc place la généalogie de Jésus, une généalogie qu'il fait remonter symboliquement à Adam, le premier des humains qui est, lui aussi, appelé fils de Dieu (*cf.* Lc 3,23-38).

Ce Jean, surnommé le baptiste, est un prophète. Depuis plus de 400 ans, Israël n'a plus eu de prophète. La voix des grands prédicateurs que furent Isaïe, Jérémie, Ézéchiel, Amos, Osée… ne retentit plus. Le pays a été constamment occupé par les peuples étrangers : les Grecs d'Alexandre le Grand ont conquis la Palestine en 332 avant notre ère ; les Juifs ne retrouveront leur indépendance que 190 ans plus tard, en 142 avant notre ère ; puis le général romain Pompée, en 63 avant Jésus, prend la ville de Jérusalem et installe la puissance de Rome sur les territoires juifs.

Cela fait donc une centaine d'années que la Palestine est occupée au moment où Jean prêche. Il faut prendre conscience de cela pour bien comprendre la prédication de Jean. Aux souffrances, aux humiliations, que cause l'occupation par les troupes romaines, s'ajoutent les interrogations et l'incompréhension que suscite cette situation : Israël n'est-il pas le peuple choisi par le Dieu de l'univers ? Israël n'a-t-il pas la mission unique d'être le « peuple de Dieu » en ce monde ? Comment se fait-il que Dieu abandonne ainsi Israël ? Il y a sans doute, au temps de Jean, une crise de la foi quelque peu semblable à celle qu'a provoquée Auschwitz lors de la dernière guerre mondiale. Pourquoi le Dieu d'Israël n'est-il pas alors intervenu en faveur de son peuple et l'a-t-Il laissé être quasiment exterminé par les nazis ?

Au temps de Jean, beaucoup de Juifs attendent une intervention imminente de Dieu car, pour eux, l'humiliation d'Israël a assez duré. Dieu doit se manifester pour mettre fin à ces années de souffrances. Il doit susciter dans son peuple un libérateur qui sera oint par Lui, consacré messie. Les croyances populaires disent aussi que ce messie libérateur sera précédé par un prophète. Certains pensent même que ce sera le prophète Élie qui reviendra sur terre. Jean va donc jouer ce rôle de prophète et il va annoncer que le grand Jour de Dieu s'en vient. Les écrits bibliques décrivent ce Jour de Dieu comme celui du jugement : les mauvais seront exterminés et les justes sauvés. Comment cela se fera-t-il ? Il pourra se réaliser par une guerre contre les fils de ténèbres que sont les Romains. Dieu va exterminer ces païens et manifester ainsi sa gloire dans le monde. Nous pouvons comprendre ces images en regardant les « guerres saintes » qui se vivent encore de nos jours dans certains pays. Mais le Baptiste prévient ses compatriotes qui seraient trop confiants : tous les Juifs ne seront pas sauvés. Dieu assure le salut aux vrais fils d'Abraham. Mais le titre de descendant d'Abraham ne suffit pas pour être épargné (*cf.* Lc 3,8). On n'est pas fils d'Abraham d'abord par l'appartenance à la race, par l'hérédité. On est fils d'Abraham par la droiture du cœur, par l'observance des préceptes de Dieu. Ceux qui ne vivent pas selon la *Tora* de Dieu (son enseignement révélé à Moïse), ceux-là seront aussi l'objet de la Colère de Dieu.

Qui vous a fait croire que vous échapperiez à la Colère de Dieu ? Tout arbre qui ne produit pas de bons fruits va être coupé et jeté au feu. (Lc 3,7 et 9)

Que nous faut-il faire ?

Regardons d'abord quels sont ceux qui posent la question. Sans doute sont-ils ceux qui se considèrent comme pécheurs devant Dieu.

D'abord, ce sont les gens de la masse du peuple qui n'appartiennent à aucun des groupements religieux comme ceux des pharisiens, des esséniens, des baptistes, des zélotes. Les gens, qui appartiennent à ces mouvements, se considèrent comme sauvés à cause de leur pratique exemplaire de la *Tora* et de leur fidélité aux prières. Ils fréquentent assidûment les synagogues, le Temple. Par contre, ces foules ignorent souvent les préceptes de la *Tora* écrite, et les nombreux règlements de la *Tora* orale tels qu'ils ont été élaborés par les scribes au long des ans. La réponse de Jean à leur question se situe dans la grande tradition des prophètes : « Partagez avec ceux qui sont dans le besoin. » Cela fait écho à la prédication d'Isaïe :

Le jeûne que je préfère, dit Dieu, c'est de partager ton pain avec l'affamé. Tu hébergeras les pauvres sans abri. Si tu vois quelqu'un nu, tu le vêtiras. (Is 58,7)

Dieu jugera sur la solidarité concrète avec les pauvres, avant de juger sur les exercices spirituels : le jeûne et la prière.

Parmi les auditeurs de Jean, il y a aussi des publicains. Ce nom désigne les collecteurs d'impôts juifs. Ils sont honnis du peuple qu'ils exploitent. Mais ils sont aussi méprisés par les pharisiens parce qu'ils travaillent pour le compte des Romains. Ils collaborent avec l'ennemi. Ils fréquentent des païens et sont donc impurs pour venir à la synagogue. Il y a donc bien des risques qu'ils soient châtiés par Dieu lors du Jugement. Que leur répond Jean ? Va-t-il leur demander de quitter leur métier ? C'est probablement ce qu'auraient demandé des scribes pharisiens. Jean, lui, va leur demander de pratiquer leur métier avec justice : *Ne percevez pas davantage que le montant fixé* (v. 13). En effet ces collecteurs avaient tendance à prélever bien plus que ce qu'ils remettaient aux Romains. On a un bon exemple de cela dans la personne du publicain Zachée lorsqu'il se convertit :

> Si j'ai extorqué quelque chose à quelqu'un, je lui rendrai le quadruple. (Lc 19,8)

Viennent aussi des soldats. Ces militaires ne sont probablement pas des soldats de l'armée d'occupation, car ces militaires

romains (des païens) ne devaient pas se
sentir concernés par la prédication de Jean.
On peut penser que ce sont des Juifs enrôlés
pour prêter main-forte aux collecteurs d'impôts lorsqu'ils ont des difficultés à faire rentrer les taxes. Eux aussi collaborent avec la
puissance occupante et sont l'objet du mépris et de la haine qu'on porte aux publicains à qui ils sont liés. Jean ne leur demande
pas non plus d'abandonner leur travail. Peut-
être ces gens-là se retrouveraient sans sub-
sistance et condamnés à mendier. La misère
est en effet très grande à l'époque et les
emplois plutôt rares. Jean va leur demander
à eux aussi d'être justes :

> Ne faites ni violence ni tort à personne.
> Contentez-vous de votre solde. (v. 14)

Comme beaucoup de militaires souvent
mal payés, ces soldats ont la tentation de se
payer eux-mêmes en usant de leur force
armée. Pour faire vivre leur famille, ils peuvent extorquer de la nourriture sous la
menace : à l'un ce sera un mouton, à un
autre un sac de blé.

Voilà donc la prédication de Jean : « Vivez
la solidarité avec les pauvres et pratiquez la
justice. Vous serez ainsi les vrais fils d'Abraham et Dieu vous épargnera lors du Jugement. » Et Jean propose à ses auditeurs de
manifester leur intention de changer de vie

et de pratiquer la justice en se faisant baptiser. La secte juive des baptistes utilisait ce rite du baptême pour marquer la purification du cœur. Les esséniens pratiquaient de nombreux bains pour se purifier devant Dieu. Les pharisiens avaient l'obligation de nombreux rites de pureté : entre autres de fréquents et minutieux lavages des mains, des plats, etc. Le baptême de Jean se démarque de ces rites par le fait qu'il semble n'être donné qu'une fois. Il n'est pas seulement un rite de pureté légale mais il doit correspondre à un changement de vie pour obtenir le pardon de Dieu.

Tous se posent des questions à propos de Jean : est-ce qu'il ne serait pas le messie ?

La question se posait fortement car l'attente du messie est grande dans le contexte politique de l'occupation du pays par Rome. Dans le cœur de Jean, la réponse est claire : « Je ne suis pas le messie. » Le messie est celui qui va réaliser le jugement de Dieu, alors que lui, Jean, ne fait qu'annoncer ce jugement. Il ignore sans doute par quels moyens se fera ce jugement : est-ce par une guerre sainte de libération ? ou par d'autres formes de châtiment et de purification ? Jean reprend l'espérance des prophètes : Dieu va purifier son peuple. Ainsi Isaïe avait dit :

Désormais ce n'est plus le soleil qui sera la lumière du jour. C'est le Seigneur qui sera la lumière de toujours. Ton peuple, eux tous, seront des justes. Pour toujours ils hériteront de la Terre. (Is 60,19-21)

Jean va traduire et illustrer l'action qui sera celle du messie-juge par l'image du vannage :

Dans sa main est sa pelle à vanner pour nettoyer à fond l'aire de battage de son blé et pour recueillir le grain dans son grenier ; mais il brûlera la bale au feu qui ne s'éteint pas. (v. 17)

Aujourd'hui peu de gens connaissent ce procédé qu'on utilisait autrefois. Pour séparer le grain de blé de sa fine écorce appelée la bale, le paysan utilisait une large pelle : un van. Il avait amassé les grains de blé dans un endroit en plein vent. Avec le van, il lançait le blé en l'air. Le mouvement et le souffle du vent faisaient se détacher l'écorce du grain. Celui-ci retombait à terre. La bale, plus légère, était emportée par le souffle du vent et retombait plus loin. À la fin du vannage, le grain était recueilli dans le grenier et la bale était aussitôt brûlée pour éviter qu'elle ne soit dispersée aux quatre vents. L'image du vannage exprimait bien le jugement que devait réaliser le messie : les justes seraient séparés des mauvais. Les premiers seraient rassemblés dans une communauté sainte et les autres seraient exterminés.

Le lieu de cette extermination était souvent comparé au feu de la vallée de la Géhenne. Dans cette vallée qui borde la colline du Temple, on entassait les ordures pour les brûler. Il y avait donc un feu continuel. C'est ce qu'on peut encore voir de nos jours dans certains pays pauvres aux portes des grandes villes. Les ordures sont entassées dans de vastes dépotoirs où le feu couve continuellement pendant que les miséreux y cherchent quelques objets qu'ils pourront revendre ou quelque nourriture qui leur permettra de survivre. Cette image de la punition des mauvais par le feu sera reprise par la parabole du Jugement dernier:

> Le Roi dira à ceux de gauche: «Allez loin de moi, maudits, dans le feu éternel qui a été préparé pour le diable et ses anges.» (Mt 25,41)

Ainsi, Jean annonce un autre baptême qui sera donné par le messie: un baptême de souffle de sainteté et de feu. Cette image, pour décrire la réalité du jugement, est liée à celle du vannage. Le souffle de sainteté sera la vraie réalité qui sépare les bons des mauvais comme le souffle du vent sépare le grain de la bale. C'est ainsi que le livre de la Sagesse annonçait le Jugement de Dieu:

Le Souffle du Tout-Puissant s'élèvera contre eux
et les vannera comme un ouragan. (Sa 5,23)

Le juste poids qu'il faut avoir pour ne pas
être considéré comme de la bale légère, c'est
le poids des bonnes actions, des actions de
justice et de solidarité. Le feu éternel est la
punition qui extermine les mauvais, comme
le feu détruit la bale. Le messie est désigné
par Jean comme « Celui qui est le plus fort ».
Cette appellation se retrouve dans les écrits
bibliques pour désigner Dieu lui-même.
Ainsi lit-on dans le livre de Jérémie :

Seigneur-Dieu, c'est toi qui as fait le ciel et la
terre par ta grande force, Dieu grand, fort, le
Seigneur tout-puissant est ton nom ! (Jr 32,17-18)

On retrouvera aussi cette expression dans
le récit de Luc où elle désignera le messie
lui-même dans sa lutte contre Satan :

Que survienne un plus fort [que Satan] [...]
il lui prend tout son armement. (Lc 11,21)

Voilà donc, selon Jean, Celui qu'il faut
attendre et qui ne saurait tarder, Celui qui
est plus grand que lui et dont il n'est même
pas digne d'être le disciple. C'est sans doute
ce que veut signifier Jean en disant qu'il n'est
pas digne de dénouer les cordons de ses
sandales (v. 16). Dans les écrits des rabbins,
on trouve en effet cette note :

Tous les services qu'un esclave doit à son seigneur, le disciple les doit à son maître, sauf celui de dénouer ses sandales. (Keth 96a)

Ce plus fort qui vient pour le jugement, ce messie espéré par les foules désespérées après tant d'années d'occupation, celui-là sera-t-il Jésus de Nazareth?

Jésus est en pleine activité missionnaire. Jean, lui, est alors enfermé dans la prison d'Hérode et il entend parler de ce que Jésus fait. Cela lui pose question et il décide d'envoyer deux de ses disciples à Jésus:

Es-tu Celui qui vient ou devons-nous en attendre un autre? (Lc 7,19)

L'expression «Celui qui vient» est traditionnelle pour désigner le messie. Nous la retrouverons dans la bouche de la foule, le jour de l'entrée triomphale de Jésus dans Jérusalem:

Qu'il soit béni au nom du Seigneur-Dieu «celui qui vient», le roi! (Lc 19,38)

Pourquoi ce questionnement de Jean? Peut-être parce que la prédication de Jésus le déconcerte. Jésus ne semble pas réaliser ce baptême de souffle et de feu, ce vannage que lui, Jean, annonçait. Or, quelle sera la réponse de Jésus?

Allez rapporter à Jean ce que vous avez vu et entendu: les aveugles retrouvent la vue, les boiteux marchent, les lépreux sont purifiés, les sourds entendent, les morts ressuscitent, l'évangile est annoncé aux pauvres. (Lc 7,22)

Jésus accomplit ici le texte d'Isaïe. C'est le texte que Jésus reprendra dans la synagogue de Nazareth (*cf.* Lc 4,18). Or ce texte concerne la tâche du messie puisqu'il commence ainsi :

L'Esprit de Dieu est sur moi, car il m'a oint messie pour annoncer l'Évangile. (Is 61,1)

Ces actions que je pose, répond donc Jésus aux envoyés de Jean, ce sont bien les actions du messie, telles que les annonçait le prophète Isaïe. Mais dans la réponse de Jésus aux envoyés de Jean — comme dans la prédication de Nazareth —, il n'est nullement question pour le moment de Jour du jugement.

En citant Isaïe, Jésus supprime d'ailleurs expressément la mention du Jour de la Colère de Dieu. En effet, le texte d'Isaïe disait ceci :

L'Esprit du Seigneur-Dieu m'a envoyé pour proclamer l'an de grâce et le Jour de la vengeance de notre Dieu. (Is 61,2)

Jésus, lui, arrête le texte sur la mention de l'an de grâce. On sait que cette loi du Lévitique (Lv 25,8 et ss) demandait, tous les 50 ans, de gracier tous les Juifs : celui qui s'était vendu comme serviteur sans salaire devait retrouver sa liberté ; celui qui avait dû céder son patrimoine pour payer des dettes devait rentrer dans ses biens. Cette loi de grâce, Jésus semble vouloir l'étendre également aux païens : il citera ce que Dieu a fait pour guérir et sauver des païens par l'intermédiaire d'Élie et d'Élisée. C'est ce ministère de guérison que Jésus accomplit. *Le fils de l'homme est venu pour sauver ce qui est perdu* (Lc 19,10), dira-t-il à propos de Zachée. Ce Zachée, collecteur d'impôts, qui non seulement fera justice en remboursant ce qu'il a volé, mais qui, dans un élan de pure générosité, décidera de *donner la moitié de ses biens* aux pauvres (Lc 19,8). Et cela, parce que Jésus a porté sur lui un regard de respect et de bonté en lui demandant d'être reçu à souper chez lui.

La foi d'un Nelson Mandela est aussi inspirante. Son action contre l'injuste *apartheid* lui a valu de passer 25 ans en prison. Pourtant, après sa libération, il écrira cet acte de foi :

> J'ai toujours su qu'au plus profond de l'homme résidaient la miséricorde et la générosité. Personne ne naît en haïssant une autre personne à cause de la couleur de sa peau, de son passé ou de sa religion. [Pour haïr] les gens doivent apprendre à haïr et s'ils peuvent apprendre à haïr on peut leur enseigner aussi à aimer, car l'amour naît plus naturellement

dans le cœur de l'homme que son contraire. La bonté est une flamme qu'on peut cacher mais qu'on ne peut jamais éteindre.

Voilà la vocation et la mission du messie telles que Jésus les comprend : le messie doit témoigner de la bonté généreuse de Dieu et de son pardon, pour réveiller la bonté qui est au plus profond de chaque cœur.

Mais alors qu'en est-il du Jugement ? Ce grand Jour est décrit par Jésus, notamment au chapitre 25 de Matthieu où il est dit que nous serons jugés sur notre générosité toute gratuite envers les plus mal pris : ceux qui ont faim et froid, ceux qui sont malades ou en prison. Mais ce Jour sera celui du retour du Fils de l'homme et Jésus avouera lui-même qu'il ne sait pas quand il se produira :

> Ce Jour, cette Heure, personne ne les connaît, ni les anges du ciel ni le Fils, personne sinon le Père. (Mc 13,32)

Si Jésus ne sait rien de la date de ce Jour, ne disons rien de plus que lui. J'aime beaucoup cette réflexion d'un moine du Mont Athos qui est rapportée par le théologien orthodoxe Olivier Clément :

> Soyez sûr que, tant qu'il y aura quelqu'un en enfer, le Christ y sera avec lui. [Oui], Dieu reste à la porte de chaque cœur, et même des cœurs qui lui demeurent fermés, et, s'il le faut, il attendra toute l'éternité que ces cœurs s'ouvrent à lui.

Que nous faut-il faire? À cette question que nous adresserons aujourd'hui à Jésus Seigneur, la réponse n'est-elle pas: « Aime, laisse-toi aimer et fais ce que tu veux »? La lettre de Jacques déjà affirmait: « La miséricorde se rit du jugement. » (Jc 2,13)

*

*   *

Père, quand mon cœur se ferme au partage,
ouvre mes yeux,
soutiens-moi de souffle en souffle,
envoie auprès de moi des prophètes
au cœur vibrant du feu de ta miséricorde.
Libre et heureux
je désire retrouver en mon cœur
le souffle de ta bonté généreuse.
Permets-moi d'annoncer,
par mes actions et mes cris d'amour,
ta venue toujours présente en Jésus
ton bien-aimé
et en ton Esprit. Amen!

QUESTIONS DE COMPRÉHENSION ET D'APPROPRIATION

1. Quels sont les gens qui écoutent la prédication du Baptiste?

2. Quelle est la différence entre le baptême donné par Jean et les baptêmes vécus dans les autres groupes religieux, comme les esséniens?

3. Que signifie l'image du vannage pour Jean le baptiste?

4. Quel sens la question « Que nous faut-il faire? » avait-elle pour les auditeurs de Jean le baptiste? Quel sens peut-elle prendre pour nous aujourd'hui?

5. Jésus a-t-il la même idée du Jugement que Jean?

6. Pour Jésus, que faut-il faire pour être sauvés?

4ᵉ dimanche de l'Avent
Luc 1,39-45

ÉVANGILE DE JÉSUS
selon l'écrit de Luc

En ces jours-là, Marie se lève et elle se rend dans le haut-pays avec hâte, dans une ville de Juda. Elle entre dans la maison de Zacharie et salue Élisabeth. Et alors, quand Élisabeth entend la salutation de Marie, l'enfant bondit en son sein. Élisabeth est remplie du souffle saint de l'Esprit et elle s'écrie à pleine voix : « Bénie es-tu parmi les femmes et béni le fruit de ton sein ! D'où me vient que la mère de mon Seigneur vienne à moi ? Car voici : quand la voix de ta salutation est parvenue à mes oreilles, l'enfant a bondi d'allégresse en mon sein. Bienheureuse celle qui a cru, parce que se réalisera ce qui lui fut dit de la part du Seigneur-Dieu. »

Notre récit fait partie des premiers chapitres de l'Évangile de Luc qui sont consacrés à l'enfance de Jésus. Luc y fait un

constant parallèle entre Jésus et Jean le baptiste : l'annonce à Zacharie (Lc 1,5 et ss) et
l'annonce à Marie (Lc 1,26 et ss), la naissance de Jean (Lc 1,5 et ss) et la naissance de
Jésus (Lc 2,1 et ss).

Notre texte est souvent appelé le récit de
la visitation où le parallèle entre Jean et Jésus
se double d'un autre parallèle : celui entre
Marie et Élisabeth. Mais le récit est également lié à celui de l'annonciation. L'ange
Gabriel avait annoncé à Marie qu'elle avait
la faveur de Dieu et qu'elle enfanterait un
fils. Marie accueille cette nouvelle en son
cœur et elle se dit prête à accueillir le don
de Dieu : «Je suis la servante du Seigneur.»
Le messager divin lui fait part d'une autre
bonne nouvelle qu'il présente comme une
authentification de son message :

> Élisabeth, ta parente, elle aussi est enceinte
> d'un fils dans sa vieillesse et elle en est à son
> sixième mois, elle qu'on appelait la stérile, car
> rien n'est impossible à Dieu. (Lc 1,36-37)

Marie n'a donc pas tardé à rendre visite
à sa parente et, par le fait même, les paroles
du messager divin vont se vérifier. Cette
présentation de Luc est calquée sur les récits
bibliques, qui annoncent des naissances ou
des vocations, où Dieu se manifeste d'une
façon spéciale :

- ◆ annonce par un messager ou un songe,
- ◆ interrogation de celui ou celle qui reçoit le message,
- ◆ signe donné par Dieu pour signer son intervention.

Le récit de la visitation sera donc principalement la constatation du signe qui a été donné par Dieu. La vérification de ce qui se passe pour Élisabeth va être pour Marie une confirmation de ce que le messager de Dieu lui a dit pour elle-même. Le *magnificat* de Marie viendra clore le récit annonciation-visitation et en donner tout le sens pour l'histoire d'Israël et de l'humanité : Dieu vient secourir Israël son serviteur *en se souvenant de sa miséricorde en faveur d'Abraham et de sa descendance pour l'éternité.* (Lc 1,54-55)

En ces jours-là, Marie se lève et elle se rend dans le haut-pays avec hâte dans une ville de Juda. Elle entre dans la maison de Zacharie et salue Élisabeth

Marie se rend avec hâte. Cette hâte ne décrit pas d'abord la rapidité du voyage mais l'empressement de Marie de se rendre disponible à la volonté divine. Hâte, empressement, zèle : trois mots pour traduire — chez Marie — un cœur ardent qui s'empresse de se rendre où se trouve son amour. Le mot est

souvent employé par Paul pour décrire le
zèle d'un cœur croyant :

> Que celui qui donne le fasse sans calcul, celui
> qui préside, avec *zèle*, celui qui exerce la mi-
> séricorde, avec joie. Que l'amour fraternel
> vous lie d'une mutuelle affection ; rivalisez
> d'estime réciproque. D'un *zèle* sans noncha-
> lance, d'un esprit fervent, servez le Seigneur.
> (Rm 12,8-11)

N'oublions pas qu'en français le mot
« zèle » s'est transformé en « jaloux ». Ne parle-
t-on pas, dans la Bible, de l'amour jaloux de
Dieu ?

> Ainsi parle le Seigneur-Dieu : Maintenant,
> j'userai de miséricorde envers toute la mai-
> son d'Israël et je me montrerai jaloux de mon
> saint nom. (Ez 39,25)

La confiance de Marie au Dieu vivant la
fait vivre d'enthousiasme comme les bergers qui vont *en hâte* à Bethléem pour
découvrir le signe qui leur a été donné par
le messager céleste (*cf.* Lc 2,16). On peut aussi
penser à ces disciples d'Emmaüs dont le
cœur est tout brûlant *et qui se lèvent à l'instant même pour retourner à Jérusalem, et
trouver les Onze qui leur disent que le Seigneur est vraiment ressuscité* (*cf.* Lc 24,33). La
« hâte » de Marie traduit la ferveur ardente,
l'enthousiasme avec lesquels elle vit cette
intervention de Dieu dans sa vie. Elle vit ce

4e dimanche de l'Avent ◆ 73

bonheur incroyable de réaliser en elle une promesse divine. L'évangéliste ne relate rien du voyage, sans doute pour mieux centrer son récit sur la rencontre des deux femmes.

Marie entre dans la maison de Zacharie et salue Élisabeth. Elle le fait par le souhait habituel chez les Juifs : « Paix à toi ! » (*Shalôm*). Dans la culture du peuple de la Bible, se saluer c'est se souhaiter la santé de tout l'être : l'harmonie du corps et de l'âme. Il s'agit de beaucoup plus que d'un pieux souhait. C'est se transmettre cette paix en offrant à l'autre cet amour qui engendre la paix. Donnons quelques exemples pris chez Luc et Jean :

> Gloire à Dieu au plus haut des cieux et sur terre *paix* pour ses bien-aimés. (Lc 2,14)

> Jésus dit à la femme : « Ta foi t'a sauvée. Va en *paix.* » (Lc 7,50)

> Dans quelque maison que vous entriez, dites d'abord : *Paix* à cette maison. Et s'il s'y trouve un homme de *paix,* votre *paix* ira reposer sur lui ; sinon, elle reviendra sur vous. (Lc 10,5-6)

> Je vous laisse la *paix*, je vous donne ma *paix.* Ce n'est pas à la manière du monde que je vous la donne. Que votre cœur cesse de se troubler et de craindre. (Jn 14,27)

> Le soir de ce même jour qui était le premier de la semaine, Jésus vient, il se tient au milieu d'eux et il leur dit : « La paix soit avec vous.

Comme le Père m'a envoyé, à mon tour je vous envoie. » (Jn 20,19.21)

Ce souhait de la « paix » est donc beaucoup plus que notre simple « bon-jour ! » que nous disons sans trop y penser. Parfois même ce bonjour se change en un banal « Hello ». Aujourd'hui, les disciples de Jésus ne devraient-ils pas inventer une autre salutation que ce « bonjour », à un niveau de profondeur tel que puisse se réaliser de vraies rencontres ? Il nous faut « habiter » notre salutation du souffle d'amour de Dieu pour que nous ne vivions pas avec les autres une relation superficielle.

Alors, quand Élisabeth entend la salutation de Marie, l'enfant bondit en son sein. Élisabeth est remplie du souffle saint de l'Esprit

Marie est toute heureuse de partager avec sa cousine le « double secret » qui les unit. À cette salutation de Marie, Dieu va répondre en confirmant sa promesse : l'enfant bondit dans le sein d'Élisabeth. C'est là le signe que la promesse, qui a été faite à Marie, s'est bien accomplie dans sa propre chair. Par deux fois, le récit souligne l'importance de cette salutation :

Quand Élisabeth entend la salutation. (v. 41)

> Quand la voix de ta salutation est parvenue à mes oreilles. (v. 44)

N'est-ce pas pour dire que cette salutation ne vient pas seulement de Marie? Avec Marie, c'est Dieu lui-même qui salue Élisabeth. Cette présence de l'Esprit se traduit en signes manifestes : *l'enfant bondit d'allégresse* et *Élisabeth s'écrie à pleine voix*. Il y a ici bien plus que l'émotion humaine de deux mamans heureuses d'être mères. Il s'agit de l'émotion sur-naturelle devant l'intervention du Dieu qui est Tout-Amour. À travers cette rencontre se dévoile la présence de l'Esprit divin qui a fait irruption dans la vie de Marie et d'Élisabeth. Ces deux mamans expérimentent intensément l'Esprit de Dieu qui agit en leur personne.

C'est cette communion dans l'Esprit qui provoque le bondissement de Jean dans le ventre de sa maman. L'Esprit de Dieu envahit l'esprit de ceux qui l'accueillent. Il vient habiter Élisabeth comme il vient habiter déjà son enfant. Cela avait été révélé par l'ange lors de l'annonce faite à son père :

> Car il sera grand devant le Seigneur… et il sera rempli de l'Esprit Saint dès le sein de sa mère. (Lc 1,15)

On peut aussi se rappeler ce qui est dit de Jérémie :

La parole du Seigneur me fut adressée en ces termes : « Avant de te former au ventre maternel, je t'ai connu ; avant que tu sois sorti du sein, je t'ai consacré ; comme prophète des nations je t'ai établi. » (Jr 1,4-5)

La mission de Jean, comme celle de Jérémie et des prophètes, ne sera pas une décision seulement humaine mais elle sera une réponse à un appel du Dieu Vivant qui va agir avec son serviteur. On peut d'ailleurs dire un peu la même chose pour tout être humain. La naissance d'un enfant (surtout s'il est le premier) fera ressentir intensément aux parents que cette vie qui sort d'eux-mêmes est aussi le fruit du Créateur. Toute venue au monde évoque en nous ce mystère qu'est la vie humaine. Tout être venant au monde porte l'empreinte du Dieu tout-aimant qui a fait la création pour qu'il vive à son image et à sa ressemblance : c'est-à-dire d'un amour immortel.

Le contact du divin avec l'humain se manifeste comme une « explosion » de joie. On trouve une expression semblable dans le psaume que les Juifs chantent pour les grandes fêtes, dont la fête de la Pâque :

Les montagnes *sautent* comme des béliers et les collines *sautent* comme des agneaux. (Ps 114,4)

Nous ne pouvons qu'imaginer toute l'intensité de vie divine qu'Élisabeth et Marie ont alors ressentie dans leurs entrailles. Ce que ces images nous disent, c'est que Dieu se dit et dit son amour au cœur même de nos échanges humains.

Élisabeth est remplie du souffle saint de l'Esprit et s'écrie à pleine voix : « Bénie es-tu parmi les femmes et béni le fruit de ton sein ! »

Parce que l'Esprit Saint visite Élisabeth, elle se met à parler et elle devient elle-même porte-parole de Dieu pour sa parente : « Tu es bénie de Dieu, Marie… » Toute maternité est une bénédiction du Dieu de la Vie. Le cœur d'Élisabeth s'émerveille devant l'intervention divine en Marie. Cette bénédiction se retrouve dans le livre de Judith :

> Bénie es-tu, toi, ma fille, par le Dieu Très Haut, plus que toutes les femmes de la terre ! (Jdt 13,18)

On la retrouvera lors de l'entrée de Jésus à Jérusalem :

> Béni soit celui qui vient au nom du Seigneur-Dieu. (Ps 118,26)

Le Messie à venir n'est-il pas l'être béni de Dieu par excellence ? Parce qu'elle est remplie de l'Esprit Saint, la maman de Jean sait discerner et elle peut confesser que le projet de Dieu s'accomplit en la chair de

Marie. De même, le jour de la Pentecôte, l'Esprit Saint envahit les disciples pour en faire les porte-parole de la résurrection :

> Des langues, comme de feu, se posèrent sur chacun. [...] Ils furent tous remplis d'Esprit Saint et se mirent à parler en d'autres langues, comme l'Esprit leur donnait de s'exprimer. (Ac 2,3-4)

On le voit, le récit n'est pas d'abord une visitation de Marie à sa parente. Ce qui se passe, au cœur de leur rencontre, c'est une visitation de Dieu qui vient habiter les cœurs de Marie et d'Élisabeth.

D'où me vient que la mère de mon Seigneur vienne à moi ?

Élisabeth reconnaît Marie comme mère de son Seigneur. L'appellation « Seigneur » est d'abord une appellation réservée à Dieu. Mais elle était fréquemment employée à la cour des rois d'Israël pour désigner le roi. Le roi est en effet celui que Dieu a oint (a *messié*) pour qu'il le re-présente. Car c'est Dieu qui est le véritable Roi et Seigneur de son peuple. Le psaume 110 (v. 1) s'exprime ainsi : *Le Seigneur-Dieu a dit à mon seigneur [le roi-messie]...* Dans la bouche d'Élisabeth, l'expression *Seigneur* veut sans doute désigner que Jésus est le messie, celui que le peuple attend alors avec hâte. De plus, le récit de Luc l'emprunterait peut-être au deuxième livre de Samuel dans lequel David s'exprimait ainsi :

Comment l'arche du Seigneur viendrait-elle vers moi ? (2S 6,9)

Il s'agit de l'arche d'alliance qui contenait les Tables de la *Tora* et la manne, deux symboles de la présence de l'Éternel sur terre. Par cet emprunt à Samuel, Luc voudrait nous dire que, désormais, la demeure du Seigneur est le corps de Marie. C'est Marie qui est maintenant la nouvelle Arche de l'Alliance, parce qu'elle est porteuse de la présence divine : son fils.

Bienheureuse

Une telle expérience humaine de contact conscient avec le divin provoque des réactions d'allégresse :

Quand Élisabeth entend la salutation de Marie, l'enfant bondit en son sein. (v. 41)

Dans le récit de Luc, il y a tout un climat de joie et de béatitude qui jaillit de l'attente ardente du Messie. Rappelons-nous quelques expressions.

L'ange dit à Zacharie :

Ta femme Élisabeth t'enfantera un fils et tu lui donneras le nom de Jean. Tu en auras *joie et allégresse* et beaucoup *se réjouiront* de sa naissance. (Lc 1,13-14)

L'ange entra auprès de Marie et lui dit :

> Sois *joyeuse*, toi qui as la faveur de Dieu, le Seigneur est avec toi ! (Lc 1,28)

Marie jubile devant cet événement étonnant :

> Je chante à pleine voix la grandeur du Seigneur et mon cœur *bat de joie* pour le Dieu qui me sauve. Oui, désormais, toutes les générations me proclameront *bienheureuse*. (Lc 1,47-48)

C'est la même joie qui éclate lorsque l'ange dévoile la naissance aux bergers :

> Soyez sans crainte : car voici, j'ai pour vous une annonce de *bonheur*, qui sera une grande *joie* pour tout le peuple : Il vous est né aujourd'hui, dans la ville de David, un Sauveur qui est le Christ Seigneur. (Lc 2,10-11)

Les interventions, les « visitations » de Dieu dans nos vies sont des moments de joie. Et elles sont des moments de joie parce que ces moments ne sont pas le fruit de nos seules initiatives, mais ils nous sont donnés, gracieusement [gratuitement] accordés. En effet, la joie naît du don, car le don est une manifestation de la vérité de l'amour de celui qui donne.

Comment est-il possible de discerner ces dons de Dieu dans notre quotidien ? Partageons deux petits temps de grâce. À la fin d'un repas communautaire, Péri-Anne, une petite Cambodgienne de cinq ans — qui vient depuis peu d'être accueillie dans une famille québécoise — quitte sa chaise et vient nous dire avec un beau sourire : « Le repas était très bon, je vous remercie beaucoup. » Un merci tout simple, rempli de gratitude, vécu et exprimé par un enfant qui a perdu sa patrie et est peut-être — à cause de cela — plus sensible aux gestes de gratuité.

Le second temps de grâce nous est donné par un enfant qui est sorti depuis peu du ventre de sa maman. Il y avait eu des complications durant la grossesse et le médecin avait même décelé une malformation du fœtus. La naissance a eu lieu, le bébé a subi une opération et aujourd'hui il est en bonne santé… Une jeune adulte, marraine de ce petit garçon, raconte ce que cette naissance lui a fait vivre : « À cette époque je vivais un mal à l'âme, je fuyais mon malaise dans l'alcool. J'avais un ami qui me proposait des moyens pour m'en sortir, mais je ne voulais rien savoir. Puis un jour… alors que j'étais au bout de mon rouleau, que je n'en pouvais plus, voilà que l'image de cet enfant me vient à la mémoire. Je prends alors conscience que, lui, dès le sein de sa mère a combattu pour vivre tandis que moi aujourd'hui je détruis ma vie… Cet enfant a été pour moi un réveil spirituel et le commencement de ma réhabilitation. »

Puissions-nous être attentifs et disponibles à ces «visites» toutes gratuites du Divin! Le Souffle divin veut inspirer tout être humain qui est ouvert à sa «visite». Il y a toujours possibilité de naître «d'étincelles de résurrection» pour celui, celle dont le cœur est ouvert et disponible à l'impossible divin!

Bienheureuse celle qui a cru, parce que se réalisera ce qui lui fut dit de la part du Seigneur-Dieu

Marie, femme de foi, s'est rendue disponible à la Parole de Dieu. «Que tout se passe pour moi comme tu l'as dit», a-t-elle répondu au messager divin. Elle s'est empressée de rendre visite à sa parente Élisabeth. Elle a mis en pratique sa confiance au Dieu Vivant comme l'Évangile le suggère à tout croyant et croyante. À la femme qui disait à Jésus: *Heureux le sein qui t'a porté*, Jésus va répondre:

> Plus heureux encore ceux qui écoutent la Parole de Dieu et l'observent. (Lc 11,28)

Jésus ne dira-t-il pas qu'écouter la Parole de Dieu et la réaliser, fait de nous des membres de sa famille?

> Ma mère et mes frères, ce sont ceux qui écoutent la Parole de Dieu et qui la mettent en pratique. (Lc 8,21)

Écouter et vivre la Parole de Dieu, c'est se laisser enfanter en Dieu. Chaque fils de Dieu, chaque fille de Dieu est aussi arche d'alliance pour réaliser (rendre réelle) la présence de Dieu dans le monde. Nous sommes responsables, pour notre part, que le monde soit pénétré d'Éternel. L'unique condition de cette maternité est l'acquiescement, le Oui de la foi :

> Sois sans crainte Marie, car tu as trouvé grâce auprès de Dieu (Lc 1,30).

Ce que Dieu-Père réalise en Marie, comme en chacun de nous, est pure gratuité. C'est par là que Marie devient ainsi le modèle de toute vie chrétienne. Saint Ambroise le disait ainsi :

> Si le Christ n'a qu'une mère selon la chair, le Christ est le fruit de tous selon la foi. Car tout être humain peut recevoir et porter Dieu.

Et cet enfantement de Dieu en nous se fait dans le quotidien, comme l'exprime bien cette prière de Jacques Lebas :

> Avant que je ne me hâte vers les malades, comme la Vierge Marie vers Élisabeth, apprends-moi, Seigneur, que tu désires me visiter ! Oui, tu te tiens à ma porte, même quand je n'y pense pas du tout et tu frappes… Tu cherches à me rencontrer. Tu voudrais attirer mon attention. Tu souhaites que j'entende, que je vienne ouvrir, pour qu'avec toi je puisse prendre le repas du soir, sur la table où j'aurai mis deux couverts. Pour que je demeure en toi et

toi en moi. Et qu'ainsi je porte beaucoup de fruits. Aux malades on porte volontiers des raisins. Si je pouvais surtout leur porter les fruits de ta visite chez moi ! Aux malades on adresse un sourire. Si je pouvais refléter vers eux le sourire de bienveillance que tu m'adresses ! Aux paroles des malades on accorde toute son attention. Si je pouvais d'abord accueillir ta Parole et ta Vie, comme un trésor vivant à partager ensuite, comme un soleil levant qui rend le goût de vivre ! Visite-moi, Seigneur. Je t'ouvre. Je t'accueille dans mon intérieur que tu connais mieux que moi, qui n'est que ce qu'il est, mais que tu vas purifier et transfigurer de ta présence, de ton amour. (Revue *Prier*, nov. 1997, p. 15)

Nous célébrons Noël, mystère de l'enfantement de Dieu dans la vie de Marie. Mais cela doit nous faire vivre le propre enfantement de Dieu en notre vie. Saint Athanase disait : « Dieu s'est fait homme afin que l'homme devienne dieu. » Cela serait impossible si Dieu était ce Tout-Puissant qui demeure dans les hauteurs célestes. Mais Dieu s'est révélé en Jésus comme n'étant qu'Amour. Et parce qu'Il n'est qu'Amour, Dieu n'est qu'humilité. Aimer, c'est en effet faire grandir l'être aimé et s'émerveiller de celui qu'on aime. La vraie grandeur à laquelle Dieu nous appelle, c'est de devenir humble pour que tout être puisse trouver en nous le vrai visage de Dieu. Maurice Zundel en donne ce commentaire :

> Le Christ a saisi notre humanité jusqu'en ses racines et il vient nous apprendre en effet que nous avons à devenir Dieu. Dieu s'est fait homme afin que l'homme devienne dieu. [...] L'homme qui marche vers Dieu, l'homme qui est divinisé par la Présence divine, ne peut que devenir un immense espace de lumière et d'amour où le monde entier est contenu. (*Ta Parole comme une source*, Québec, Anne Sigier, 1987, p. 59)

*
* *

Jésus, humble et pauvre,
grandis au sein de mon être.
Deviens en moi l'ami qui resplendit
de la miséricorde,
de la paix et de la joie du Père.
Purifie-moi de tout égoïsme
pour que j'enfante à mon tour
l'amour de bonté
au cœur de notre monde. Amen !

QUESTIONS DE COMPRÉHENSION
ET D'APPROPRIATION

1. Que signifie la salutation juive:
   Shalom! Quel sens devrions-nous
   donner à nos salutions?

2. Qui est au centre de la rencontre
   entre Élisabeth et Marie?

3. Quelle est la vocation ultime de
   tout être humain?

4. Quels sont les différents sens du
   mot « Seigneur » ?

5. Qu'est-ce qu'était l'arche d'alliance?
   Qui est aujourd'hui arche d'alliance?

6. Dieu est humilité, pourquoi avons-
   nous la tentation de toujours le
   revêtir de la parure des rois?

7. Comment peut-on observer les
   fruits que le Dieu de Jésus produit
   dans le cœur de quelqu'un?

8. Quelles sont, dans mon quotidien,
   les situations où je peux affirmer la
   bonté du Dieu de gratuité qui me
   visite?

9. Pourquoi Athanase peut-il affirmer
   que « Dieu s'est fait homme afin
   que l'homme devienne dieu... »
   Comment devenir « dieu » au sens
   chrétien du terme?

TEMPS DE NOËL
ET DE L'ÉPIPHANIE

Nuit de Noël
Luc 2,1-14

ÉVANGILE DE JÉSUS
selon l'écrit de Luc

Et voici qu'en ces jours-là César Auguste fait paraître un décret pour recenser tout le monde habité. Ce recensement est le premier quand Quirinius est gouverneur de la Syrie. Tous vont se faire recenser, chacun dans sa ville d'origine. Joseph aussi monte depuis la Galilée, de la ville de Nazareth, vers la Judée, dans la ville de David, appelée Bethléem : du fait qu'il est descendant de la famille de David. Il va se faire recenser avec Marie, sa promise, qui est enceinte. Et voici, alors qu'ils sont là, que les jours de son enfantement sont accomplis. Elle enfante son fils, le premier-né. Elle l'emmaillote et le couche dans une mangeoire, car, dans la salle commune, ce n'est pas une place pour eux. Dans cette contrée, il y a des bergers qui vivent aux champs et qui veillent les veilles de la nuit sur leur troupeau. Le

messager du Seigneur se présente à eux, et la
gloire du Seigneur les enveloppe de lumière.
Un grand frisson sacré les fait frissonner. Le
messager leur dit : « Ne soyez pas troublés !
Car voici, j'ai pour vous un message de bonheur, une grande joie qui sera pour tout le
peuple : "Aujourd'hui, dans la ville de David,
un sauveur vous est né : c'est le Messie Seigneur !" Et voici ce qui vous servira de signe :
vous trouverez un nouveau-né emmailloté,
couché dans une mangeoire. » Soudain avec
le messager l'armée céleste en foule loue Dieu
en disant : « Gloire à Dieu au plus haut des
cieux et sur la terre paix chez les humains
[qui vivent] de bonté ! » Et voici, quand les
messagers s'éloignent d'eux pour les cieux,
que les bergers se disent entre eux : « Allons
donc à Bethléem pour voir ce fait qui est
survenu et que le Seigneur nous a fait connaître. » Ils partent et se hâtent et découvrent
Marie et Joseph et le nouveau-né couché dans
la mangeoire. À sa vue, ils font connaître le
fait dont on leur a parlé concernant ce petit
enfant. Tous ceux qui les entendent s'éton-
nent de ce dont les bergers leur parlent. Quant
à Marie, elle conserve tous ces faits et les
retient dans la mémoire de son cœur. Les
bergers s'en retournent. Ils chantent la gloire
et les louanges de Dieu pour tout ce qu'ils ont
entendu et vu : exactement ce qui leur avait
été adressé.

Après la naissance de Jean, dans ce deuxième
chapitre du récit de l'enfance, Luc raconte

celle de Jésus en l'inscrivant dans l'histoire humaine de son temps.

César Auguste fait paraître un décret pour recenser tout le monde habité

Dans ce décor de la naissance de Jésus, la grandeur de ce monde est figurée par l'empereur tout-puissant de l'empire romain, Octave, petit-neveu et héritier du grand César, surnommé Auguste, nom qui signifie « celui pour qui les dieux sont favorables ». La grandeur de ce monde, c'est aussi ce recensement de tout l'univers, c'est-à-dire de l'immense empire romain qui recouvre alors toutes les terres connues autour de la mer Méditerranée. L'empereur se prétend lui-même dieu. Des inscriptions trouvées en Asie Mineure et qui datent de l'an 9 avant notre ère comportent des traces de cette croyance :

> Ce jour de la naissance du dieu fut pour nous le commencement de nouvelles de bonheur qui nous viennent de lui.

Les empereurs romains se donnent également le titre de sauveur, comme l'indique une inscription :

> La providence divine a accordé aux humains ce qu'il y a de plus parfait, en nous donnant Auguste, qu'elle a rempli de force pour le bien

des humains et qu'elle a envoyé comme sauveur pour nous et nos descendants.

En face de cette grandeur mondaine, ce
sera un nouveau-né couché dans une mangeoire d'animaux et qui n'aura d'autre visite
que celle de pauvres bergers. Et pourtant le
messager de Dieu dit que la vraie grandeur
se trouve là : cette naissance — inconnue
des foules — est un message de bonheur,
une joie pour tout le peuple de Dieu.

> J'ai pour vous un message de bonheur : une
> grande joie. (v. 10)

Le verbe grec, qui est traduit par « J'ai un
message de bonheur », est le verbe « annoncer un évangile ». Le mot grec *eu-angélion*
(francisé en « évangile ») signifie « message
de bonheur ». Le ciel tout entier, tout le divin
de l'univers, va chanter sa joie pour ce premier-né qui vient de naître.

« Aujourd'hui, dans la ville de David, un sauveur vous est né : c'est le Messie Seigneur ! »

Dans la Bible de Moïse traduite en grec, le
titre de « sauveur » est surtout donné à Dieu.
Luc, nourri de ce que les chrétiens savent
avec certitude depuis la résurrection, donne
également à l'enfant le titre de Sauveur. Son
nom n'est-il pas *Ieschoua*, qui signifie « Dieu

sauve » ? *Iéschoua* a été francisé en Jésus. En Matthieu l'annonce à Joseph dira de Jésus : *Il sauvera son peuple de ses fautes* (Mt 1,21). Face aux prétentions des empereurs romains à être divins, cet enfant sauveur est appelé Messie Seigneur. Or dans la Bible, le mot Seigneur (*Kyrios* en grec, *Adonaï* en hébreu) est le nom donné à Dieu : « Seigneur de l'univers ». Mais les premiers chrétiens vont donner aussi ce titre à Jésus. On en trouve l'écho dans la prédication de Pierre le jour de Pentecôte :

> Que toute la maison d'Israël le sache avec certitude : Dieu l'a fait Seigneur et Messie, ce Jésus que vous, vous aviez crucifié. (Ac 2,36)

L'apôtre Paul reviendra souvent sur ce titre dans ses lettres. Ainsi dans la première lettre aux chrétiens de Corinthe :

> Nous savons qu'il n'y a aucune idole dans le monde et qu'il n'y a d'autre dieu que le Dieu Unique. Bien qu'il y ait de prétendus dieux au ciel ou sur la terre — plusieurs dieux et plusieurs seigneurs — il n'y a pour nous qu'un seul Dieu, le Père, de qui tout vient et vers qui nous allons et un seul Seigneur, Jésus Christ, par qui tout existe et par qui nous sommes. (1Co 8,4-6)

Autre contraste : en face de l'univers — tout le monde habité qui est soumis à la souveraineté de César —, nous avons l'humble cité de David : Bethléem. Cette Bethléem dont le livre de Michée dit qu'*elle est trop petite pour compter parmi les clans de Juda* (Mi 5,1). C'est pourtant la cité qui vit naître le grand roi David. Dans cette cité, pas de palais ni de temple. L'enfant devra naître dans une mangeoire d'animaux, soit parce qu'il n'y a pas de place pour eux dans la salle commune, soit parce la salle commune — où s'entassent tous les voyageurs — n'est pas une place (un lieu) convenable pour accoucher. Marie et Joseph sont peut-être hébergés dans une des grottes nombreuses qu'on trouve dans les collines autour de Bethléem et qui pouvaient servir d'habitation. Un appentis, construit à l'entrée de la grotte, était la salle commune, la grotte elle-même servant de caveau pour les réserves de nourriture.

Il y a des bergers qui vivent aux champs et qui veillent les veilles de la nuit sur leur troupeau.

Autour de Marie et de l'enfant, Luc ne signale que les bergers. À l'époque, les bergers sont des pauvres gens, peu instruits, parce que leur profession les tient à l'écart de l'enseignement qui est donné à la synagogue le jour du sabbat. Eux, en effet, doivent garder les troupeaux, même en ce jour de repos. Ils ne sont donc pas instruits de toutes les minuties des préceptes de la *Tora*, l'enseignement révélé par Dieu : la Règle de vie divine. Certains les considèrent malhonnêtes. Pourtant, c'est à eux, qui ne pouvaient jamais être témoins devant les tribunaux, que revient la mission d'être les témoins de la naissance de l'enfant ; de même qu'après Pâques, ce seront des femmes qui seront les premières à voir le Ressuscité et à en témoigner auprès des disciples. Or, elles aussi, à l'époque, ne pouvaient être légalement des témoins. C'est donc à ces bergers que Dieu va faire connaître l'Évangile de la joie : la naissance d'un petit humain qui sera sauveur. Plus tard, Jésus louera le Père d'avoir choisi des petits et des humbles pour leur révéler son mystère :

> À l'instant même, il exulta sous l'action de l'Esprit Saint et dit : «Je te loue, Père, Seigneur du ciel et de la terre, d'avoir caché cela aux sages et aux intelligents et de l'avoir révélé aux tout petits. Oui, Père, c'est ainsi que tu en as disposé dans ta bienveillance.» (Lc 10,21)

Le messager du Seigneur se présente à eux, et la gloire du Seigneur les enveloppe de lumière. Un grand frisson sacré les fait frissonner

Luc utilise ici des clichés symboliques qui sont tirés de la Bible : le messager de Dieu et l'armée céleste. Comme nous le faisons encore de nos jours lorsque nous disons, en termes imagés, des choses plus spirituelles : « Mon cœur est bouleversé » signifie qu'une chose nous atteint et nous perturbe ; « Je suis aux anges » veut dire qu'on est ravi ; « Cela tombe du ciel » exprime qu'un événement arrive comme par miracle… Mais, au-delà de l'image, l'important est le contenu du message :

> « Aujourd'hui, dans la ville de David, un sauveur vous est né : c'est le Messie Seigneur ! » (v. 11)

Les images nous disent que, dans cet événement, le ciel et la terre se rejoignent, Dieu et l'humain communient :

> Au plus haut des cieux, gloire à Dieu, et sur la terre, paix. (v. 14)

Dans la Bible, la gloire de Dieu est manifestation de sa présence. Le livre de l'Exode la représentait sous forme de nuée et de feu :

> Moïse monta sur la montagne ; alors, la nuée couvrit la montagne, la gloire du Seigneur demeura sur le mont Sinaï et la nuée le couvrit pendant six jours. La gloire du Seigneur apparaissait aux fils d'Israël sous l'aspect d'un feu dévorant, au sommet de la montagne. (Ex 24,15-17)

Les manifestations éclatantes de la nature, comme le feu de l'orage derrière les nuages, étaient alors un symbole de cette présence de Dieu qui demeure toujours voilée à nos yeux. Dans notre récit, la gloire est ici faite de lumière. Ce n'est pas encore le grand Jour de Dieu, ce grand Jour qui désigne le moment où le projet divin d'une communion de tous les humains en Lui se trouvera enfin accompli. Mais c'est une étape sur cette voie, une lumière sur la route du Règne. Comme toujours lors de la rencontre avec le divin, la réaction en est une de crainte : un frisson sacré.

Ne soyez pas troublés ! Car voici : j'ai pour vous un message de bonheur

Comme toujours, la voix divine invite à ne pas avoir peur, mais à faire confiance. *Sois sans crainte, Marie, car tu as trouvé grâce auprès de Dieu* (Lc 1,30), avait dit le messager divin à Marie. Dieu n'est pas le Tout-Puissant qui terrifie mais le Père Tout-Aimant. Heureux celui, celle qui saura reconnaître le signe donné par Dieu : la mangeoire d'un nouveau-né. Ce signe est étrange. Autrefois, le croyant avait besoin de signes exceptionnels qui lui disaient alors la puissance de Dieu : le tonnerre et les éclairs de l'orage, le feu d'une irruption volcanique. Maintenant, le signe d'un nouveau-né est au contraire très humble. Et il faudra, pour le reconnaître, être sur la longueur d'onde du Dieu de Jésus. Or, notre longueur d'onde habituelle est celle des grandeurs de ce monde. Hier ces grandeurs mondaines étaient César, l'empire sans cesse élargi, et le recensement pour mieux assujettir à l'impôt les peuples occupés ; aujourd'hui ces grandeurs sont la science, la richesse, la force physique. La science qui repousse sans cesse les limites de notre connaissance de l'univers : science informatique aux applications illimitées, techniques de communication qui font de la planète un village global. Mais aussi la richesse matérielle : les grandes fortunes et les multinationales qui deviennent parfois plus puissantes que les États. Également grandeur de la force physique des humains et des États : la violence qui a envahi le sport jusqu'aux Jeux Olympiques, la violence des guerres civiles, les armes nucléaires toujours plus sophistiquées et qui peuvent détruire la création.

Ces grandeurs mondaines peuvent-elles être des sources d'espérance ? Qu'apportent-elles aux millions de réfugiés qui ont dû quitter leur patrie ? Aux jeunes de chez nous qui songent au suicide ? Aux malades chroniques seuls sur leurs lits d'hôpitaux ? La seule espérance qui fasse vivre, c'est de se savoir aimé afin d'apprendre à aimer à son tour. Or l'amour vrai ne se vit que dans l'humilité.

On ne peut regarder de haut quelqu'un à qui l'on dit : « Je t'aime. » Un regard qui signifie « Je vaux plus que toi » ne peut pas dire « Je t'aime ». Dieu est immensément grand, puissant. Mais sa grandeur est de pouvoir tout ce que peut l'amour, jusqu'à l'effacement de soi dans l'humilité du regard. Jésus nous la révèle quand il lave les pieds des siens : son geste dit en vérité comment Dieu aime. (F. Varillon, *L'humilité de Dieu*, Paris, Centurion 1994, p. 70-71)

C'est toute l'humilité d'amour — révélée dans la vie de Jésus — que Luc nous dit à travers cette naissance dans une mangeoire. Le signe de Dieu se trouve dans un petit enfant, qui est le fruit de l'amour. Plus tard, le langage de la mangeoire sera remplacé par celui du bois de la croix : le don que Jésus fera de sa vie, par amour.

Certes, Dieu est Tout-Puissant. Mais c'est la Toute-Impuissance du Calvaire qui révèle la vraie nature de la Toute-Puissance de l'Être infini. L'humilité de l'amour donne la clé. (*Ibidem*, p. 60)

En Jésus, le Dieu unique et trois fois saint ne se révèle ni dans la richesse ni dans les honneurs. La gloire de Dieu n'est plus sa puissance infinie et écrasante de créateur de l'univers, mais c'est la profondeur de son amour sans limites. La gloire de Dieu est le don de son amour. Et c'est dans ce don d'amour que Dieu nous donne sa paix.

Gloire à Dieu au plus haut des cieux et sur la terre paix chez les humains [qui vivent] de bonté!

La vraie paix est celle qui nous fait vivre de la bonté de Dieu. Cette paix de Dieu s'installe dans les cœurs humains qui accueillent humblement la bonté de Dieu et qui en vivent. En cette nuit, la paix de Dieu trouve sa demeure en des cœurs de bergers humbles et accueillants. *Paix sur terre aux êtres qui vivent de bonté* ou bien *Paix sur terre aux êtres qui sont l'objet de sa bonté.* (Les deux traductions se justifient.) Dieu sera toujours fidèle, quoi qu'il arrive et quoi que nous fassions, si nous savons l'accueillir. Seul le Dieu qui se fait petit enfant peut nous amener à ôter nos masques de puissance et de richesse. C'est alors seulement que nous pouvons voir et découvrir l'amour dont Dieu nous aime. Et c'est alors que nous pouvons chanter, comme les bergers, gloire et louange à Dieu pour tout ce que nous aurons vu et entendu: le Dieu maître et créateur des mondes se fait pauvre et vulnérable; le Dieu Seigneur se fait serviteur; le Dieu berger se fait agneau; le Dieu Très-Haut se fait tout petit.

Jacques Lœw décrit ainsi la vraie grandeur qui est celle de Dieu:

Le soir de Noël, Dieu est entré dans le monde, petit et nu. Il est l'ami des petits et des pauvres : ceux qui sont pauvres d'argent mais aussi ceux qui sont pauvres de santé : les malades ; ceux qui sont pauvres de relation : les humbles ; ceux qui sont pauvres d'instruction : les simples ; ceux qui sont pauvres d'orgueil : les doux ; ceux qui sont pauvres même de qualités et de vertus : les pécheurs.

En Jésus se rencontrent deux qualités rarement réunies en un même homme : une grande exigence au nom d'un grand idéal : *Soyez parfaits comme Dieu, votre Père, est parfait* et en même temps une bonté pleine de tendresse et d'encouragement dès qu'il voit une étincelle de bonne volonté dans une âme. Sa force est douce, sa tendresse énergique, son pardon ne pèse pas. La foi de Dieu et en Dieu n'entrera dans notre vie que si, à notre tour, nous acceptons d'être petits et dépouillés. (*Dans la nuit j'ai cherché*, Paris, Cerf, 1969, p. 63-64)

Seule une Église servante et pauvre peut célébrer Noël. C'est ce que l'apôtre Paul dit aux chrétiens de Corinthe :

Considérez, frères, qui vous êtes, vous qui avez reçu l'appel de Dieu : il n'y a chez vous ni beaucoup de sages aux yeux des humains, ni beaucoup de puissants, ni beaucoup de gens de noble famille. Mais ce qui est folie dans le monde, Dieu l'a choisi pour confondre les sages ; ce qui est faible dans le monde, Dieu l'a choisi pour confondre ce qui est fort. Tels doivent être les disciples de Jésus. Ce n'est que si nous vivons au diapason de Dieu, dans l'humilité de l'amour, que Jésus sera vraiment le premier-né d'une multitude de frères. (1Co 1,26-27)

Tel doit être le visage de la communauté des disciples d'aujourd'hui. Le meilleur lieu pour célébrer Noël, en vérité, n'est pas forcément celui des splendides monuments religieux : c'est celui qui est le plus proche de l'étable de Bethléem.

Terminons avec un autre très beau poème que nous pouvons dire en prière pour tous les enfants des pays en guerre, pour les bébés orphelins des garderies de Chine, pour les enfants des prisons du Rwanda, pour tous les jeunes d'ici candidats au suicide, tous victimes de la folle grandeur des humains, de leur volonté de puissance…

Pour les enfants du monde entier qui n'ont plus rien à espérer, je voudrais faire une prière à tous les maîtres de la terre. La peur, la haine, la violence ont mis le feu à leur enfance ; leurs chemins se sont hérissés de misères et de barbelés. J'ai vu des enfants s'en aller, le sourire aux lèvres et le cœur léger, vers la mort et le paradis que les adultes avaient promis. Mais quand ils sautaient sur les mines, c'était Mozart qu'on assassine. Si le bonheur est à ce prix, de quel enfer est-il nourri ? Pour les enfants du monde entier qui n'ont de voix que pour pleurer, je voudrais faire une prière à tous les maîtres de la terre. (Yves Duteuil, *Pour les enfants du monde entier*)

Ces maîtres de la terre, c'est un peu chacun, chacune de nous lorsque nous écoutons la voix des grandeurs de ce monde. Accueillons humblement la vraie bonté qui vient de Dieu pour qu'en ces jours ce soit un peu Noël sur notre terre.

*

* *

Père, pauvre et nu, je me présente devant toi.
Je ne dis plus rien
et je contemple en Jésus le sourire
de ton amour.
Apprends-moi à devenir,
face aux mondanités,
enfant de la bonne nouvelle
qui s'adresse à tous les pauvres
que nous sommes.
Mets dans ma bouche et dans mes actions
les mots et les gestes
qui aiment et créent la vie. Amen!

QUESTIONS DE COMPRÉHENSION ET D'APPROPRIATION

1. Que veut dire le mot « évangile » ?

2. Quels sont les contrastes décrits par Luc entre le monde et Jésus ? Quel visage de Dieu est ainsi décrit ?

3. Que signifie le signe de la mangeoire ? Comment la mangeoire de Bethléem rejoint-elle le bois de la croix du Calvaire ?

4. Comment et dans quel esprit devons-nous fêter Noël ? Aussi bien dans la liturgie que dans les festivités profanes ?

Fête de la Sainte Famille
Luc 2,41-52

ÉVANGILE DE JÉSUS
selon l'écrit de Luc

Les parents de Jésus se rendent chaque année à Jérusalem pour la fête de la Pâque. Quand il a fait ses douze ans, — alors qu'ils sont montés selon la coutume de la fête et ont achevé les journées —, pendant qu'ils s'en retournent, l'enfant Jésus reste en arrière, à Jérusalem. Ses parents n'en ont pas connaissance. Pensant qu'il est dans la caravane, ils font un jour de marche et le recherchent parmi leurs parents et connaissances. Ne l'ayant pas trouvé, ils font demi-tour vers Jérusalem le cherchant sans cesse. C'est après trois jours qu'ils le trouvent dans le Temple, assis au milieu des maîtres, les écoutant et les interrogeant. Tous ceux qui l'écoutent sont stupéfaits de son intelligence et de ses réponses. Quand ils le voient, ils sont frappés de stupeur ; sa mère lui dit : « Enfant, pourquoi nous as-tu fait cela ? Vois ! Ton père et moi

nous te cherchions, tout tourmentés. » Il leur
dit : « Pourquoi me cherchiez-vous ? Ne saviez-
vous pas qu'il faut que je sois chez mon Père ? »
Eux ne comprennent pas la parole qu'il leur
dit. Il descend avec eux et vient à Nazareth.
Et il leur est soumis. Et sa mère garde avec
soin toutes ces paroles dans son cœur. Jésus
progresse en sagesse, en âge et en amour, aux
yeux de Dieu et des humains.

Cet épisode de la visite de la famille de Jésus
au Temple de Jérusalem achève le récit de
l'enfance. Il ne doit pas être considéré
comme un épisode qui rapporterait simplement un événement historique. Ce récit doit
être lu à la lumière de la résurrection de
Jésus.

Voici un passage que la liturgie a choisi
pour célébrer la fête de la Sainte Famille.
Cette fête est récente puisqu'elle a été insti-
tuée en 1921. On l'a probablement voulue
pour renforcer les convictions des fidèles
dans les valeurs de la famille. Il n'est pas
certain que l'Évangile choisi soit très perti-
nent car le message qu'il livre est peut-être
différent.

Après les récits de l'annonciation et de la
naissance, voici celui du séjour de Jésus au
Temple. Le lien se fait par les versets 39-40 :

Lorsqu'ils eurent accompli tout ce que pres-
crivait la *Tora* du Seigneur-Dieu, ils retournè-
rent en Galilée, dans leur ville de Nazareth. Et

l'enfant grandissait et se fortifiait, tout rempli de sagesse. La faveur de Dieu était sur lui. (Lc 2,39-40)

La scène du Temple va dire comment Jésus est rempli de la Sagesse du Père.

Les parents de Jésus se rendent chaque année à Jérusalem pour la fête de la Pâque

Comme toute famille juive pratiquante, Marie et Joseph répondent au précepte de la *Tora* de Dieu, tel qu'il est inscrit dans le livre de l'Exode :

> Tu me fêteras chaque année par trois pèlerinages : Tu observeras la fête des pains sans levain. […] Tu observeras la fête de la Moisson […] ainsi que la fête de la Récolte. […] Trois fois par an, tous tes hommes viendront voir la face du Maître, le Seigneur-Dieu. (Ex 23,14-17)

Pour ces fêtes, sur les routes de la Palestine, il se formait de longues caravanes de gens montant à Jérusalem et se déplaçant en groupe pour se protéger des brigands. À Jérusalem, des foules très nombreuses se rassemblaient sur les parvis du Temple et encombraient les rues étroites de la ville. On pouvait facilement se perdre de vue…

Quand il a fait ses douze ans, ils sont montés selon la coutume de la fête

Ses 12 ans accomplis, le jeune juif

> entre dans la vie adulte. Il ne quitte pas ses parents, mais il n'est plus l'enfant. Il est le fils. Chez les Juifs, on est homme à douze ou treize ans. Ainsi, une synagogue n'est pas d'abord un bâtiment en pierres mais c'est d'abord un lieu où il y a dix hommes de treize ans et plus. Ils représentent la communauté. La synagogue est un lieu au sens humain et social du terme. (Françoise Dolto, *L'Évangile au risque de la psychanalyse*, Paris, Jean-Pierre Delarge, 1977, p. 37-38)

Le jeune célèbre cette majorité lors d'une cérémonie religieuse que l'on appelle, dans la langue juive, la *bar mitsva*. Ce mot signifie que le jeune juif devient un « fils du précepte », un « fils de la Règle de Dieu ». La cérémonie se déroule normalement à la synagogue. Le jeune garçon lira pour la première fois en public. Il proclamera un passage des prophètes qui sont justement ceux qui interprètent la *Tora*, la Règle de Dieu, et montrent comment il faut la mettre en pratique. Maintenant qu'il est adulte, le jeune devient responsable devant Dieu de la manière dont il va vivre selon la Règle de vie divine. Son père, Joseph, aura alors prononcé solennellement cette prière : « Béni soit Dieu qui m'a relevé de la responsabilité de ce garçon. » En effet, pour les Juifs, être père n'est pas d'abord engendrer physiquement, mais engendrer spirituellement. L'*abba* de la famille (*abba* signifie papa) est celui qui enseigne à ses enfants toutes les Traditions contenues dans les livres bibliques : il leur transmet les préceptes pour que l'enfant les apprenne par cœur. On n'engendre pas seulement des fils à la vie, mais on les engendre comme fils de la Règle de Dieu pour qu'ils deviennent des fils de Dieu. Devenu majeur, c'est directement auprès de son *Abba* des cieux (le Père céleste) que le jeune recevra désormais l'enseignement. Du père humain, enseignant au nom de Dieu, il passe au seul vrai Enseignant, le seul qui soit vraiment Père : Dieu. Comme tout bon Juif, Jésus sait cela. Il dira plus tard :

> N'appelez « père » nul d'entre vous sur la terre, car unique est votre père des cieux. (Mt 23,9)

Ils le trouvent dans le Temple, assis au milieu des maîtres, les écoutant et les interrogeant

Jésus se trouve donc dans le Temple. Remarquons son attitude : il écoute les maîtres et les interroge. Il apprend la *Tora* de la bouche des rabbis. Pourtant Luc mentionne que tous ceux qui l'écoutent sont stupéfaits de l'intelligence de ses réponses (v. 47). Jésus ne se contente pas seulement d'écouter. À cette époque, l'enseignement se faisait par questions et réponses. Car la *Tora* doit être questionnée en permanence, continuellement objet de discussion et d'échange, pour découvrir comment elle doit être mise en pratique, génération après génération. Claude Riveline figure ce « questionnement » par l'image de la bétonnière « qui fait tourner le ciment de manière à ce qu'il ne se pétrifie pas, sans quoi on ne pourrait plus le couler ».

L'apôtre Paul a raconté l'éducation qu'il a reçue de ses maîtres :

> Je suis Juif, né à Tarse en Cilicie, mais c'est ici, dans cette ville, que j'ai été élevé et que j'ai reçu aux pieds de Gamaliel une formation stricte à la *Tora* de nos pères. (Ac 22,3)

Les élèves étaient assis par terre, aux pieds de leur maître. Ils apprenaient et ils répétaient souvent par cœur les enseignements qui étaient donnés en des formules stéréotypées et bien rythmées. Il est étrange que Luc dise de Jésus qu'il est au milieu des maîtres, et non pas à leurs pieds, ce qui est l'attitude habituelle du disciple. Peut-être y a-t-il ici une référence au livre de Daniel (*cf.* Dn 13,44-50). Daniel intervient dans une assemblée pour prendre la défense d'une femme, Suzanne, injustement condamnée. Or une tradition rapporte que Daniel avait alors précisément 12 ans. Jésus, comme Daniel, aurait été admis à s'asseoir au milieu des maîtres à cause de sa sagesse. Une autre tradition dit que Salomon est monté sur le trône à l'âge de 12 ans et que c'est alors qu'il a prononcé son fameux jugement qui en fait le roi-modèle de la sagesse (*cf.* 1R 3,16-28). Enfin Flavius Josèphe, historien juif contemporain de Luc, écrit que Samuel a commencé à prophétiser à 12 ans. Comme Daniel, Salomon et Samuel, Jésus est tout ouvert à l'inspiration divine : sa prière et sa droiture de vie le mettent en communion avec Dieu. On peut lui appliquer la description du sage dont parle le psaume :

> Plus que tous mes maîtres j'ai la finesse, ton témoignage je le médite. Plus que les anciens j'ai l'intelligence, tes préceptes je les garde. (Ps 118,99-100)

Quand ils le voient, ils sont frappés de stupeur; sa mère lui dit : « Enfant, pourquoi nous as-tu fait cela ? Vois ! Ton père et moi nous te cherchions tout tourmentés. »

Les maîtres de la *Tora* admirent son intelligence tandis que ses parents expriment leur inquiétude. Les parents ne sont peut-être pas sur la même longueur d'onde que leur fils. Ils se situent sans doute au plan de leurs liens familiaux, tandis que Jésus dévoile son lien invisible avec une autre famille, celle du Père qui est Dieu.

« Pourquoi me cherchiez-vous ? Ne saviez-vous pas qu'il faut que je sois chez mon Père ? »

Comment comprendre cette réponse dont le récit évangélique dit que Marie et Joseph ne saisissent pas le sens ? Deux indices peuvent nous apporter une lumière. L'indication « après trois jours », et la formule « il faut ».

Après trois jours

Ces trois jours se comptent selon la manière juive : le premier jour de route, le jour du retour et le jour des retrouvailles. Selon notre manière actuelle, nous dirions après deux jours ou le troisième jour. Ce sera aussi après trois jours que les femmes et les apôtres retrouveront leur maître ressuscité : le vendredi de la mort, le sabbat et le premier jour de la semaine. Faut-il voir là un rapprochement voulu par l'évangéliste ?

Il faut que je sois chez mon Père

Ne retrouvons-nous pas déjà ici l'expression par laquelle Jésus dira sa décision de livrer sa vie à ceux qui le rejettent :

> *Il faut* que le Fils de l'homme souffre beau-
> coup, qu'il soit rejeté par les anciens, les grands
> prêtres et les scribes, qu'il soit mis à mort et
> que, le troisième jour, il ressuscite. (Lc 9,22)

> *Ne fallait-il pas* que le Christ souffrît cela pour
> entrer dans sa gloire? (Lc 24,26)

Lorsque Jésus répond qu'il lui faut être
chez son Père, le récit nous dit que Marie et
Joseph sont frappés de stupeur et qu'ils ne
comprennent pas la parole qu'il leur dit
(v. 50). Ce «il faut» ne sera pas davantage
compris par les propres disciples de Jésus.
En témoigne la réaction qu'auront les apôtres devant les annonces de la passion:

> Mais ils ne comprenaient pas cette parole;
> elle leur restait voilée. (Lc 9,45)

> Cette parole leur demeurait cachée et ils ne
> savaient pas ce que Jésus voulait dire. (Lc
> 18,34)

Ce «il faut» traduit la communion de Jésus
à la sagesse de son Père. C'est «au nom de
l'amour», sous l'inspiration de l'amour, que
Jésus, en accord avec son Père, décidera de
livrer sa vie à tous ceux qui vont le rejeter.
Mais cela ne sera pas compris. Alors qu'au
début de sa vie adulte tous ceux qui l'écoutent sont stupéfaits de son intelligence et de
ses réponses (v. 47), plus tard la sagesse de
Jésus rencontrera le rejet. Elle sera un objet

d'étonnement de la part des gens de sa petite patrie : *d'où lui vient cette sagesse, diront
les gens de Nazareth ?* (Lc 4,16). Et Jésus leur
répondra :

> Sûrement vous allez me citer ce dicton :
> Médecin, guéris-toi toi-même. Nous avons
> appris tout ce qui s'est passé à Capharnaüm,
> fais-en donc autant ici dans ta patrie. Oui, je
> vous le déclare, aucun prophète ne trouve
> accueil dans sa patrie. (Lc 4,23-24)

Luc clôt l'épisode de Nazareth par un petit
tableau qui est peut-être symbolique :

> Ils se levèrent, le jetèrent hors de la ville et le
> menèrent jusqu'à un escarpement de la col-
> line sur laquelle était bâtie leur ville, pour le
> précipiter en bas. (Lc 4,29)

Cette scène n'évoque-t-elle pas déjà celle qui
conduira Jésus sur la colline du Golgotha,
où il sera crucifié, hors de la ville de Jérusalem ?

Le rejet de Jésus par les siens à Nazareth
préfigure sans doute son rejet par l'élite de
son peuple. Comme au seuil de sa vie adulte,
ce sera de nouveau au Temple que Jésus se
trouvera peu avant son arrestation :

> Il était chaque jour à enseigner dans le
> Temple. Les grands prêtres et les scribes et les
> chefs du peuple cherchaient à le faire périr.
> (Lc 19,47)

Pour accomplir la volonté du Père qui invite Jésus à faire don de sa propre vie, Jésus devra minimiser les liens du sang car les siens ne le comprendront pas. *Les siens ne l'ont pas accueilli*, lit-on dans le récit de Jean (Jn 1,11). Cela peut expliquer les liens difficiles entre Jésus et sa famille humaine, et des attitudes qui peuvent parfois nous surprendre. On a rappelé sa visite à Nazareth où vit sa parenté. En un autre temps, les membres de sa parenté voudront le ramener au village parce qu'ils pensent qu'*il a perdu le sens* (Mc 3,21). Ailleurs, le récit de Jean nous donne cet écho :

> Ses frères lui dirent : « Passe d'ici en Judée afin que tes disciples, eux aussi, puissent voir les œuvres que tu fais. On n'agit pas en cachette quand on veut s'affirmer. Puisque tu accomplis de telles œuvres, manifeste-toi au monde ! » En effet, ses frères eux-mêmes ne croyaient pas en lui. (Jn 7,3-5)

Notons encore la réplique de Jésus à quelqu'un qui fait l'éloge de sa mère :

> Une femme éleva la voix du milieu de la foule et lui dit : « Heureuse celle qui t'a porté et allaité ! » Mais lui, il dit : « Heureux plutôt ceux qui écoutent la parole de Dieu et qui l'observent ! » (Lc 11,27-28)

Au-delà des liens du sang, Jésus proposera les liens d'une nouvelle famille :

Sa mère et ses frères viennent alors le trouver, mais ils ne peuvent l'aborder à cause de la foule. On l'en informe : « Ta mère et tes frères se tiennent dehors et veulent te voir. » Mais il leur répond : « Ma mère et mes frères, ce sont ceux qui écoutent la parole de Dieu et la mettent en pratique. » (Lc 8,19-21)

Ceux qui écoutent et mettent en pratique son Évangile, pourront devenir — comme lui — fils et filles de Dieu et ils deviendront ainsi réellement frères et sœurs les uns des autres. Cette relation fraternelle « en Dieu » est pour Jésus fondamentale et elle doit passer avant tous les liens du sang :

Si quelqu'un vient à moi sans haïr son père, sa mère, sa femme, ses enfants, ses frères, ses sœurs, et jusqu'à sa propre vie, il ne peut être mon disciple. (Lc 14,26)

Le mot « haïr » est à prendre ici dans le contexte culturel juif : il signifie qu'il faut donner priorité à la famille spirituelle, qu'il faut préférer cette famille de Dieu à celle du sang. Pour savoir choisir la sagesse de Dieu — lorsque des conflits surviennent qui imposent un choix difficile —, il faut être libre intérieurement. Pour être capable d'écouter la sagesse de Dieu et la mettre en pratique jusqu'au bout, il ne faut pas être prisonnier des liens du sang.

Pour vivre totalement selon l'Esprit du Père — vivre vraiment selon l'amour —, on aura donc besoin du soutien de la communauté des fils et filles de Dieu. À ceux qui auront ainsi fait le choix de ne pas être prisonnier de leur famille de sang, Jésus promet une autre famille spirituelle :

> Amen, je vous le dis, nul n'aura laissé maison, frères, sœurs, mère, père, enfants ou champs à cause de moi et à cause de l'Évangile, qui ne reçoive le centuple dès maintenant, au temps présent, en maisons, frères, sœurs, mères, enfants et champs… (Mc 10,27-30)

On notera qu'on ne retrouve pas de père dans l'énumération finale puisqu'il n'y a qu'un seul qui soit vraiment Père : l'Éternel. Cette famille nouvelle sera l'assemblée des disciples : la *Qéhilla* (l'Église). Elle sera un lieu-laboratoire pour devenir fils et fille du Père en s'entraidant à vivre le quotidien selon la Sagesse de Dieu.

Chez mon Père

Jésus puise cette conception de la famille de Dieu dans la relation exceptionnelle qu'il a avec le Père Éternel. Évoquons comment Jean décrit les liens d'intimité unique que Jésus vit avec Dieu :

> Ma nourriture c'est de faire la volonté de mon Père. (Jn 4,34)

> Tout m'a été remis par mon Père. Le Fils ne peut rien faire de lui-même, mais seulement

ce qu'il voit faire au Père: car ce que fait le Père, le Fils le fait pareillement. (Jn 5,19)

Je n'ai pas parlé de moi-même, mais le Père qui m'a envoyé m'a donné un précepte: ce que je dirai et de quoi je parlerai. Et je sais que son précepte est vie éternelle. Ce que je dis, je le dis comme le Père me l'a dit. (Jn 12,49-50)

Cette parole que vous entendez, elle n'est pas de moi mais du Père qui m'a envoyé. (Jn 14,24)

De son côté, Matthieu ajoute:

Nul ne connaît le Fils si ce n'est le Père, et nul ne connaît le Père si ce n'est le Fils, et celui à qui le Fils a dessein de le révéler. (Mt 11,27)

Ce qui est primordial pour atteindre le bonheur, c'est de s'attacher au Père d'un amour passionné pour vivre la vie véritable inspirée par son Esprit de bonté. Cette intimité entre le Père et Jésus rejaillira sur la qualité des liens entre Jésus et ses disciples: la relation maître-élève fera place à celle de l'amitié:

Je ne vous appelle plus serviteurs, car le serviteur reste dans l'ignorance de ce que fait son maître; je vous appelle amis, parce que tout ce que j'ai écouté auprès de mon Père, je vous l'ai fait connaître. (Jn 15,15)

Les disciples entre eux ne devront-ils pas vivre cette même amitié pour que leur fraternité ne soit pas un simple titre?

Sa mère garde avec soin toutes ces paroles dans son cœur

C'est à l'heure de la résurrection que la mort de Jésus pourra enfin être comprise. C'est alors que sera vraiment perçue cette sagesse de Dieu qui a conduit Jésus à mourir pour dire l'amour inconditionnel et le pardon :

> Alors leurs yeux furent ouverts et ils le reconnurent, puis il leur devint invisible. Et ils se dirent l'un à l'autre : « Notre cœur ne brûlait-il pas en nous tandis qu'il nous parlait en chemin et nous ouvrait les Écritures ? » (Lc 24,31-32)

La mort de Jésus ne se comprend dans toute sa vérité que lorsqu'elle nous révèle l'infini amour dont le Père aime ses fils et ses filles. Ainsi le lieu, qui sera le plus parlant de l'Amour divin, ce sera la croix. C'est la mort de la croix, parce qu'elle sera le signe de cet amour suprême, qui révèlera quelle est la Sagesse de Dieu et où se trouve la vraie vie, l'éternelle vie. Jusque-là, Marie devra garder avec soin tout cela dans son cœur. Dans la pensée biblique, le cœur est le lieu de la mémoire de la vie. C'est là qu'il faut garder, conserver tout ce qui pourra nous faire vivre, en nous donnant le sens des réalités les plus profondes. Origène donnera ce commentaire :

[Marie] savait qu'un temps viendrait où ce qui était caché serait manifesté en lui. (cité dans *Assemblée du Seigneur*, n° 11, p. 49)

Cet épisode de Jésus au Temple est plus qu'une anecdote historique. Luc en a fait un tableau nous révélant déjà ce que sera le mystère de cet homme. Il sera à la fois l'objet de l'étonnement de certains, mais aussi l'objet du rejet de nombreux autres qui ne comprendront pas ou n'accepteront pas le sens de sa destinée. Cet homme aura mission de révéler — par toute sa vie — que Dieu n'est qu'Amour et que cet Amour n'est pas puissance de domination. Sa mort dira que Dieu n'a que l'amour a donné en partage à ceux qui le refusent. Et cet épisode dévoile ainsi de quelle sagesse doivent vivre les disciples de Jésus. À cause de cette sagesse faite du respect absolu de l'autre, faite de service et de pardon, les disciples devront donc s'attendre à affronter la croix : ils auront toujours à lutter contre toutes les formes de mépris et de domination qui défigurent le visage des créatures de Dieu.

Charles Péguy n'avait-il pas bien compris le sens de ce récit du Temple ?

Heureusement ils l'avaient retrouvé dans le temple au milieu des docteurs. Assis au milieu des docteurs. Les docteurs l'écoutaient religieusement. Il enseignait, à douze ans il enseignait au milieu des docteurs. Comme

Joseph et Marie en avaient été fiers. Trop fiers.
Il aurait dû tout de même se méfier ce jour-
là. Il était vraiment trop brillant, il brillait
trop, il rayonnait trop parmi les docteurs. Pour
les docteurs. Il était trop grand parmi les
docteurs, pour les docteurs. Il avait fait trop
voir visiblement, il avait trop laissé voir, il
avait trop manifesté qu'il était Dieu. Les docteurs n'aiment pas ça. Il aurait dû se méfier.
Ces gens-là ont de la mémoire. C'est même
pour cela qu'ils sont docteurs. Il les avait
sûrement blessés ce jour-là. Les docteurs ont
une bonne mémoire. Les docteurs ont la
mémoire longue. (*Le mystère de la charité de
Jeanne d'Arc*, La Pléiade, Paris, 1941, p. 112)

*
*   *

Père, entends ma voix
et accepte mon regard d'enfant
qui s'élève jusqu'à toi.
Mène-moi toujours vers « l'ascenseur
de tes mains ».
Assis aux pieds de Jésus ton bien-aimé,
j'écoute ta Parole et je prie.
Amène-moi sur tes sentiers
et redis toute ta foi en ma bonté.
Que ton regard d'amour
me transperce le cœur
pour qu'enfin je te suive
sur la route de la croix
et du bonheur. Amen !

QUESTIONS DE COMPRÉHENSION
ET D'APPROPRIATION

1. Qu'est-ce que la *Bar mitsva* ?

2. Que signifie la « sagesse », dans le langage de la Bible ? D'où vient-elle ?

3. Quel est le sens du « troisième jour » ?

4. Comment Jésus considère-t-il la famille de sang ? Pourquoi donne-t-il priorité à la famille spirituelle des fils et filles de Dieu ?

5. Comment puis-je devenir libre dans mes choix — comme chrétien — vis-à-vis de ma famille de sang ?

6. Qu'est-ce qui peut être gardé aujourd'hui dans la mémoire de notre cœur pour grandir comme chrétiens ?

Fête de l'Épiphanie
Mt 2,1-12

ÉVANGILE DE JÉSUS
selon l'écrit de Matthieu

Jésus est né à Bethléem en Judée, au temps du roi Hérode. Or, voici que des mages venus d'Orient arrivent à Jérusalem et demandent : « Où est le roi des Juifs qui vient de naître ? Nous avons vu se lever son étoile et nous sommes venus nous prosterner devant lui. » En apprenant cela, le Roi Hérode est pris d'inquiétude et tout Jérusalem avec lui. Il réunit tous les chefs des prêtres et les scribes d'Israël pour leur demander en quel lieu devait naître le messie. Ils lui répondent : « À Bethléem en Judée, car voici ce qui est écrit par le prophète : "Et toi, Bethléem en Judée, tu n'es certes pas le dernier parmi les chefs-lieux de Judée ; car de toi sortira un chef qui sera le berger d'Israël mon peuple." » Alors Hérode convoque les mages en secret pour leur faire préciser à quelle date l'étoile est apparue ; puis il les envoie à Bethléem, en leur disant : « Allez vous renseigner avec précision sur l'enfant. Et quand vous l'aurez trouvé, avertissez-moi pour que j'aille, moi aussi, me prosterner devant lui. » Sur ces paroles du Roi, ils partent. Et voilà que l'étoile qu'ils avaient vue se lever les précède. Elle vient s'arrêter au-dessus du lieu où l'enfant se trouve. Quand ils voient l'étoile, ils éprouvent une très grande joie. Entrant dans la maison, ils voient le petit enfant avec Marie sa mère. Tombant à genoux, ils se prosternent devant lui. Ils ouvrent leurs coffrets et lui offrent leurs présents : de l'or, de l'encens et de la myrrhe. Mais avertis en songe de ne pas retourner chez Hérode, ils regagnent leur pays par un autre chemin.

C'est dans le récit de Matthieu que la liturgie est allée chercher le texte pour la fête de l'Épiphanie. Matthieu, comme Luc, dans ces récits de l'enfance ne cherche pas à raconter des événements mais à donner le sens profond de la personne de Jésus : son mystère.

Le premier chapitre a tracé une généalogie symbolique de Jésus le Christ. Puis Matthieu a décrit l'annonce de la conception de Jésus, faite à Joseph :

Ce qui a été engendré en Marie vient de l'Esprit Saint. (Mt 1,21)

Et voici notre passage qui retrace la visite des mages à l'enfant qui vient de naître.

Nous avons vu se lever son étoile

Déjà, dans le récit de Luc, les bergers *voient* le nourrisson posé dans la mangeoire et ils glorifient Dieu pour tout ce qu'ils ont *vu*. La première lettre de Jean dira aussi :

> Ce que nous avons entendu, ce que nous avons *vu* de nos yeux, nous vous l'annonçons : la vie éternelle s'est *manifestée* à nous. (1Jn 1,1-2)

> Voici comment s'est *manifesté* l'amour de Dieu au milieu de nous : Dieu a envoyé son Fils unique afin que nous vivions par lui. (1Jn 4,8-9)

Voilà l'épiphanie de Dieu… On sait que le mot « épiphanie » est un mot grec francisé qui veut dire *manifestation*. Voilà l'Évangile, la stupéfiante nouvelle d'une épiphanie divine : Dieu se fait *voir* — se manifeste — en Jésus de Nazareth. Un humain comme nous est l'icône, l'image parfaite de Dieu.

Dieu l'Éternel, Celui qui est dans les hauteurs des cieux, invisible à nos yeux, Celui que nul ne peut *voir* sans mourir — comme le dit la Bible — Dieu se fait *voir* dans cet enfant de Bethléem. Dieu le trois fois saint, comme il est dit en Isaïe (*cf.* Is 6,5-7), dont on ne peut parler à moins que des tisons ardents ne purifient nos lèvres, Dieu est entré dans notre histoire humaine. Dieu se fait voir en ce nourrisson couché dans une mangeoire, petit enfant premier-né d'un jeune

couple humble et pauvre : stupéfiante nouvelle qui est, depuis 2000 ans, un scandale
pour les Juifs ! Dieu, Énergie infinie, Amour
parfait, Créateur d'un univers de 15 milliards
d'années, Dieu est entré dans l'histoire
humaine, il y a 2000 ans, dans cet enfant de
Bethléem : stupéfiante nouvelle qui est
encore folie pour les païens !

Il faut bien avouer que cette histoire
d'étoile et de mages peut nous sembler relever du merveilleux. Et cela, même s'il y a
de nos jours des experts en astronomie qui
s'efforcent de trouver des fondements scien-
tifiques à cette histoire d'étoile. Ils invoquent
une conjonction, dans le ciel, de Jupiter et
de Saturne ou bien le passage d'une comète.
Même si cela était vrai, ce n'est pourtant pas
là que se trouve l'essentiel du message de ce
récit. Ici, c'est la dimension spirituelle de
l'événement qui est sa vraie réalité. Et cette
réalité spirituelle est avant tout une lumière
pour les croyants. C'est la prophétie d'Isaïe
qui se réalise pour eux :

> Le peuple qui marchait dans les ténèbres a vu
> une grande lumière ; sur les habitants du
> sombre pays une lumière a resplendi… Car un
> enfant nous est né, un fils nous a été donné ;
> il a reçu l'empire sur les épaules. (Is 9,1.5)

Matthieu fait peut-être allusion au livre des
Nombres :

Une *étoile* monte ; elle est issue de la lignée de Jacob. Un *sceptre* surgit de la maison d'Israël. (Nb 24,17)

En Orient, l'étoile est le signe des dieux. Et le sceptre est un symbole de la royauté. Ce texte des Nombres vise probablement le jeune David qui a été vainqueur des Moabites. Il est de la tribu de Juda mais il va aussi devenir roi de la tribu d'Israël.

Au long des siècles, ce texte sera interprété en fonction de la descendance de David dans laquelle doit être choisi le roi-messie. Deux cent cinquante ans avant Jésus, les traducteurs de la Bible en grec écriront :

C'est de Jacob que se lève une *étoile*. C'est d'Israël que surgira un *homme*.

On le voit : dans cette traduction, l'homme remplace le sceptre. *Le Testament des douze patriarches* (qui est un texte contemporain de Jésus) verra dans l'étoile la personne même du messie. Les interprétations araméennes de la synagogue changeront l'étoile par le roi :

Un *roi* doit se lever issu de la maison de Jacob. Un libérateur et un chef se lèvera de la maison d'Israël.

En 135 après Jésus, un des chefs de la rébellion contre Rome, se fera appeler *Bar Kokba* ce qui signifie *Fils de l'étoile* pour signifier son aspiration à être messie.

L'époque de Jésus, tant chez les Juifs que chez les Grecs, parlera volontiers de l'étoile du prince, et le *Benedictus* traduit bien cela dans sa description du messie :

> C'est l'effet de la bonté de notre Dieu : grâce à elle *l'astre levant* venu d'en haut nous a visités. Il est apparu à ceux qui se trouvent dans les ténèbres et l'ombre de la mort afin de guider nos pas sur la route de la paix. (Lc 1,67-79)

De nos jours, enfin, ne disons-nous pas d'une célébrité qu'elle est une star ?

Et toi, Bethléem en Judée

C'est une donnée des récits de l'enfance (dans Matthieu comme dans Luc) que Jésus est né à Bethléem et qu'il est de la descendance de David. On sait que la famille de David est originaire de Bethléem. Michée, un prophète du VIIIe siècle avant Jésus, a chanté la gloire de ce petit bourg de Bethléem :

> Mais toi, [Bethléem] Ephrata, le moindre des clans de Juda, c'est de toi que me naîtra celui qui doit régner sur Israël. [...] Il se tiendra debout et fera paître son troupeau par la puissance du Seigneur. Il sera grand jusqu'aux confins de la terre. Lui-même il sera la paix. (Mi 5,1.3-4)

Michée, par ces paroles, tentait de rassurer le peuple devant la menace assyrienne en les assurant de la venue d'un roi qui serait selon le cœur de Dieu. Au long des ans, les interprètes de la synagogue ont toujours compris ce texte comme décrivant le messie, ainsi qu'un targum le dit :

> C'est de toi, Bethléem, que doit sortir le messie pour exercer son pouvoir sur Israël, lui dont le nom est désigné depuis le principe, depuis les jours du siècle.

Michée avait dit que Bethléem était trop petite pour être comptée comme une ville. Matthieu reprend le texte en le modifiant légèrement :

> Bethléem, tu n'es nullement le moindre des clans de Juda : car de toi sortira un chef qui sera le pasteur d'Israël.

Le texte de Michée évoquera aussi « celle qui doit enfanter » :

> C'est pourquoi, Dieu les abandonnera jusqu'aux temps où enfantera celle qui doit enfanter. (Mi 5,2)

Cela évoque Isaïe :

> Voici que la vierge concevra et enfantera un fils. (Is 7,14)

Mais, si ce sont les experts juifs qui citent les écrits sacrés, ce sont des païens qui vont les prendre au sérieux. Les chefs des prêtres et les scribes ne bougent pas. Quant à Hérode, il se sert des mages, mais par crainte de voir un messie se lever qui lui ravirait le trône qu'il tient de sa complicité avec Rome. Lui-même, étant Iduméen, ne pouvait prétendre au titre de roi des Juifs. La suite de notre récit dira la cruauté d'Hérode qui fera périr les nouveaux-nés de Bethléem. Ce fait ne trouve aucun écho dans les chroniques du temps et il se peut que cet événement soit inspiré de la légende de la naissance de Moïse qui rapportait un songe du pharaon : un enfant allait naître chez les Hébreux qui ruinerait l'Égypte. Aussi le Pharaon décréta l'extermination des nouveaux-nés des Hébreux (*cf.* Ex 1,15 s.). De toutes manières, cette cruauté correspond bien à ce que nous connaissons d'Hérode qui craignait tellement de possibles rivaux qu'il n'a pas craint de faire mettre à mort, entre autres, une de ses épouses et trois de ses sept fils. On disait qu'il valait mieux être le cochon d'Hérode que son fils, en jouant sur les mots grecs où cochon se dit *hus* et fils *huios*.

Enfin, notons que ce refus de Jésus par ceux qui résident à Jérusalem anticipe déjà la passion où Jésus sera mis à mort dans la ville sainte. Sur la croix se trouvera l'écriteau : « Voici le roi des Juifs » et les Juifs tourneront en dérision ce crucifié-roi. Mais ce seront des païens (les gardes romains) qui s'écrieront : « *Vraiment, celui-ci était fils de Dieu.* » (Mt 27,54)

Des mages venus d'Orient

Cette brève indication a donné lieu à toutes
sortes de traditions plus ou moins légendai-
res. Combien étaient-ils, ces mages ? L'Évangile n'en dit rien. On les décrit deux sur une
fresque du cimetière de Saint-Pierre à Rome ;
ou trois sur un sarcophage du musée du
Latran ; ou quatre au cimetière romain de
Sainte Domitille ; ou même huit, douze dans
certaines traditions syriennes ou arménien-
nes. Mais le nombre de trois est le plus fré-
quent, peut-être à cause des trois sortes
d'offrandes : l'encens, l'or et la myrrhe, ou
parce qu'on en fait les représentants des trois
races humaines. C'est au VIIe siècle qu'on
voit apparaître leurs noms : Melchior, Gaspar
et Balthasar. On les dit rois mais cela semble
sans fondement historique. Peut-être est-ce
sous l'influence du psaume :

> Les rois de Tarsis et des îles lui rendront tri-
> but. Les rois de Saba et de Seba lui feront
> offrande. (Ps 72,10)

Dans l'art chrétien, ils n'apparaissent jamais
avec des attributs royaux, mais ils sont vêtus
comme des nobles persans.

D'où viennent-ils ? Peut-être de Perse, ou
de Babylone, d'Arabie ou d'Égypte ou
d'Éthiopie ! Il y a davantage de présomp-
tion pour les faire venir de Perse. Les mages
de Perse ne sont ni prestidigitateurs, ni

astrologues, ni magiciens. Selon l'historien Hérodote, les mages formaient une tribu de Médie qui devint ensuite une caste sacerdotale dédiée au culte de Ahura Mazda. Tous les mages n'étaient pas prêtres mais tous les prêtres devaient venir de cette tribu. Ils étaient des sages qui auront une forte influence sur les empereurs assyriens, chaldéens et mèdes.

Des auteurs latins rapportent qu'en 66 après Jésus, des mages perses vinrent à Rome pour honorer l'empereur Néron, en suivant ce que leur disaient les astres. La religion née du prophète iranien Zarathustra (autour du sixième siècle avant Jésus) enseigne l'existence de deux principes éternels : Ahura Mazda qui est le Bien et Anra Mainyu qui est le Mal. Les deux forces luttent pour la domination du monde mais leur lutte finira par la victoire du bien, une victoire qui sera due à l'appui d'un Allié. Selon cette tradition religieuse, cet Allié serait la « vérité incarnée » et il devrait naître d'une vierge « qu'aucun homme n'aurait approchée ».

C'est peut-être cet Allié que les mages vont identifier avec le roi-messie des Juifs. Car en Israël on attend alors avec impatience ce roi des Juifs qui doit naître. Tacite, un historien romain, soulignera ainsi le fanatisme des combattants juifs, lors de la guerre de 70 :

> Beaucoup étaient persuadés de ce qui était dit dans les livres anciens des prêtres, à savoir qu'en ce temps l'Orient devait exercer la suprématie et que des hommes venus de Judée devaient dominer le monde. (*Histoire* 5,13)

Si, pour les Juifs, ces oracles sont l'annonce de leur roi-messie qui doit venir, les Romains les comprendront comme désignant les empereurs Vespasien et Titus. Mais les mages viennent sans doute rejoindre les Juifs dans cette attente d'un homme venu de Judée. Tradition juive et tradition païenne se rejoignent donc pour découvrir le roi-messie : nous avons vu son étoile… Et cette étoile va les guider et les amener jusqu'à cette maison où ils *voient* l'enfant.

Allez vous renseigner...

Qui sont ceux qui vont se renseigner ? Il n'y a aucun scribe, ces experts des Écritures, il n'y a aucun Pharisien, ces gens très pieux fidèles à la *Tora*, il n'y a aucun prêtre, ces spécialistes du sacré divin. Pourtant ceux-là savent où le messie doit naître : ils citent l'Écriture qui parle de Bethléem. Pour voir l'Enfant-Dieu, il n'y a que des bergers et des mages : des gens qu'on ne s'attendrait pas à voir à cette place. Les bergers sont des gens simples et peu instruits, des ignorants de la *Tora*, car ils ne savent guère lire et leur métier les retient aux champs lorsque tous se réunissent à la synagogue. Les mages sont des étrangers, des gens qui ne sont pas Juifs, qui n'appartiennent pas au peuple de Dieu. Ce que nous disent les récits des bergers et des mages,

> la vérité qu'ils veulent transmettre [chacun à leur manière], c'est que les individus, qui sont en marge de la religion et perçus comme loin de Dieu, sont en réalité les premiers à en percevoir la présence au milieu de l'humanité. Bergers et mages, qui ne peuvent s'approcher du Dieu du Temple parce qu'ils sont pécheurs et païens, ont libre accès au Dieu dans l'homme, venu en humanité. Ceux que la religion a confinés dans les ténèbres sont les premiers à se rendre compte de la lumière qui resplendit, alors que ceux qui vivent dans la splendeur restent dans les ténèbres. Les deux catégories de personnes, que les prêtres considéraient comme exclues du salut à cause de leur comportement moral et religieux, perçoivent les signes de Dieu. Leurs censeurs, non. (A. Maggi, *Comment lire l'Évangile*, Montréal, Fides, 1999, p. 33-39)

Bergers et mages ont su voir le signe de Dieu parce que leur cœur était en attente. Aujourd'hui, ceux qui voient Dieu véritablement ne sont peut-être pas ceux que l'on pense : ce peuvent être des analphabètes… des immigrés qui parlent difficilement la langue du pays… des itinérants… des « sans espoir » car sans travail… des gens qui ne fréquentent guère nos églises ou qui en ont été rejetés, parce qu'ils sont des divorcés remariés ou des homosexuel-le-s… des jeunes pleins de questions et de doutes, mais qui sont peut-être avides de spirituel, chercheurs de Dieu en dehors de nos sentiers battus.

Saurons-nous voir la présence de l'Esprit dans ces hommes et ces femmes ? Saurons-nous discerner les signes d'un Dieu qui les interpelle à travers leurs accents de vérité, dans les questions essentielles qu'ils se posent, dans les valeurs qu'ils essaient de vivre ?

Il y a, chez les bouddhistes, cet appel à la bienveillance et à la compassion, notamment avec ceux qui souffrent. Il y a, chez les musulmans, cette vérité d'un Dieu qui reste le Tout-Autre et auquel on doit soumettre toute sa vie. Il y a, chez certains adeptes du Nouvel Âge, cette espérance d'une unité de toute l'humanité, d'une terre qui soit comme un village planétaire en marche vers un temps de paix et d'amour. Il y a, chez certains agnostiques, une vérité dans la recherche de l'Absolu, une soif de spirituel dans leur vie.

C'est le cardinal Martini, alors archevêque de Milan, qui disait dans un dialogue avec des incroyants :

En chacun de nous il y a le croyant et l'in-
croyant. Je suis aidé par vos questions à haute
voix qui donnent une dimension publique à
mes questions intérieures. (*Actualité religieuse*,
15 nov. 1996)

Ils voient le petit enfant

Noël et Épiphanie nous disent quels sont les
yeux qui pourront voir ce Dieu invisible.
Dieu n'a pas le visage de la fortune : il a
choisi la crèche et la croix. Il n'a pas le visage
de la grandeur sociale : Jésus ne fut ni prêtre
ni membre d'une riche famille. Le visage de
Dieu dans notre monde sera toujours celui
de la simplicité et de la discrétion parce que
seules ces vertus peuvent s'harmoniser avec
le véritable amour. On connaît l'adage :

Les oiseaux ont besoin de l'air pour voler.
Les poissons ont besoin de l'eau pour nager.
Dieu, Lui, ne se meut que dans l'amour.

Le visage de Dieu ne se trouve et ne peut
être reconnu que là où se vit quelque chose
engendré par l'amour. Ce n'est pas la per-
fection morale, ni même la profondeur
mystique, ni la grandeur ascétique qui parlent le mieux de notre Dieu, mais c'est le
cœur qui s'ouvre à l'amour et en porte les
fruits. C'est pourquoi Jésus pourra même
affirmer que les prostituées et les voleurs
précéderont bien des fidèles dans le cœur de

Dieu. Blaise Pascal disait que « tous les corps ensemble, tous les esprits ensemble ne valent pas le plus petit mouvement d'amour ». C'est cette passion de nous laisser aimer de Dieu, sans relâche et sans frein, qui façonne notre cœur et lui permet alors d'aimer avec la même intensité ceux qui sont notre prochain.

Cet évangile, annoncé à Jérusalem — lors de la libération des Juifs qui étaient exilés à Babylone —, retentit pour nous aujourd'hui, comme pour Isaïe :

> Debout, resplendis ! Elle est venue ta lumière.
> La gloire de Dieu s'est levée sur toi ! (Is 60,1-6)

Chrétiens, sommes-nous conscients de cette lumière qui se trouve dans le Christ Jésus… dans son message et dans sa présence vivante au milieu de nous puisqu'il est ressuscité ? Mais cette joie n'est pas seulement pour nous. Elle est pour toute l'humanité. Ne la réservons pas à notre seul profit. Qu'elle soit assez forte en nous pour apporter l'espérance, même dans les pires ténèbres ! Dans la situation de chômage que vivent encore trop d'entre nous, dans les conflits ethniques qui détruisent l'image de l'humain, dans ces pires dégradations humaines que sont les marchés d'enfants. Notre espérance, dans la force de l'amour que Dieu met en nous, fait des disciples de

Jésus des porteurs de la lumière divine pour le monde.

Mais l'Évangile ne sera lumière que s'il est vraiment notre joie. Il y a quelques années, Gaston arrivait du Saguenay pour recevoir une transplantation cardiaque à Montréal. Il n'y connaissait personne et l'attente d'un téléphone, lui annonçant qu'un cœur était disponible, était terriblement longue et angoissante dans cette solitude. Heureusement, il fera connaissance d'une communauté chrétienne qui va l'entourer de son affection. L'infirmière, qui le suit alors, le trouve tellement transformé, transfiguré qu'elle lui demandera le secret de cette transformation. Comme si l'attention d'une communauté lui avait déjà donné un nouveau cœur !

Les mages sont venus chercher dans les Écritures sacrées le sens de l'Étoile ; de même il nous faudra chercher, dans la fréquentation assidue et priante de l'Évangile, cette lumière qui va éclairer notre vie quotidienne et qui fera de nous les porteurs de la lumière de Dieu pour notre monde.

*

*   *

Ils ont marché, ils ont suivi l'étoile.
Jusqu'à la source de leur joie ils sont allés.
Je te cherche, Dieu, mais ne vois pas ton étoile.
Comme les mages, donne-moi
de te découvrir
— dans la crèche et sur la croix —
en Jésus, image d'un Dieu Père,
simplicité et compassion.
Fais exploser en nos cœurs des jardins
de tendresse
pour accueillir et apprendre,
aimer et réconforter.
Qu'ils deviennent chemin de l'étoile
et signe de ta présence aujourd'hui
pour notre humanité, dans ses drames,
dans ses peines et dans ses joies. Amen !

QUESTIONS DE COMPRÉHENSION
ET D'APPROPRIATION

1. Que signifie le mot « épiphanie » ?

2. Qui peuvent être les mages ?

3. Ce récit doit-il être lu d'abord comme un récit historique ? Comme une pieuse légende ? Quel est le sens essentiel de ce texte ? Comment Dieu se manifeste-t-il ?

4. Pourquoi des païens et des bergers (en Luc) ont-ils été les premiers à reconnaître l'enfant Jésus comme messie ?

5. Quelle leçon pouvons-nous tirer aujourd'hui de ce texte ? pour nous-mêmes, pour notre Église ? Les Églises ne sont-elles pas trop fermées à la révélation de Jésus qui est transmise par les exclus de ces dites Églises ?

Fête du baptême de Jésus
Luc 3,15-16.21-22

ÉVANGILE DE JÉSUS
selon l'écrit de Luc

Le peuple est dans l'attente. Tous se demandent dans leur cœur à propos de Jean s'il ne serait pas le Messie? Jean répond à tous: « Moi, je vous baptise avec de l'eau. Mais un plus fort que moi s'en vient: je ne suis pas digne de dénouer les cordons de ses sandales. Lui, il vous baptisera dans le Saint Souffle Spirituel et le feu. » [...] Or, après que tout le peuple ait reçu le baptême, — Jésus, baptisé, est en prière — le ciel s'ouvre: le Saint Souffle Spirituel descend sur Jésus, sous l'apparence physique d'une colombe. Une voix vient des cieux: « Tu es mon fils; moi, aujourd'hui, Je t'ai engendré. »

Le récit évangélique de Luc s'est véritablement ouvert par la prédication du Baptiste, comme une sorte de préparation à la mission de Jésus qui va commencer lors de son baptême.

Nous voici fêtant aujourd'hui le baptême du Christ. C'est le second tableau d'un triduum liturgique qui célèbre la triple manifestation de Jésus comme l'Envoyé de Dieu. Le premier jour de ce triduum est la fête de l'Épiphanie où Jésus est révélé aux païens comme le roi-messie. Le troisième sera celui des noces de Cana dont Jean nous dit que Jésus y accomplit le premier des signes par lesquels il va manifester sa gloire (*cf.* Jn 2,11). Le deuxième jour célèbre le baptême du Christ.

Luc a sans doute remanié la place de cet épisode dans la séquence de l'Évangile. En effet, à la différence des autres récits évangéliques, Luc signale l'emprisonnement de Jean-Baptiste avant de décrire le baptême. Les récits de Matthieu et de Marc notent au contraire que c'est Jean qui baptise Jésus. Le récit de Jean souligne aussi la présence du Baptiste lors de la manifestation de l'Esprit sur Jésus. Luc veut probablement minimiser le rôle de Jean-Baptiste. On sait en effet que Jean a eu une grande influence sur les foules juives. Beaucoup se demandèrent alors s'il ne serait pas le messie. Jean eut des disciples dont certains le quittèrent pour suivre Jésus, comme André (*cf.* Jn 1,35-42). Bien plus tard,

Paul rencontrera encore des disciples du Baptiste dans ses voyages de mission.

Qui a été le plus grand? Jean ou Jésus? La question se posait. On peut donc penser que les disciples de Jésus ont dû justifier la primauté de Jésus sur Jean. Dans nos récits évangéliques, Jean lui-même va affirmer qu'il n'est pas le messie. Il n'est même pas digne de délier les courroies de ses sandales, affirme-t-il. Mais, dans le récit de Luc, ce qui suit le baptême est aussi très révélateur. Alors que Marc et Matthieu font suivre le baptême du récit de la tentation, Luc intercale la généalogie de Jésus entre baptême et tentation. Cette généalogie nous fera remonter de fils en père jusqu'à Adam, fils de Dieu. On peut donc prévoir que Luc veut désigner Jésus comme le nouvel Adam.

Alors le ciel s'ouvrit

Voilà dit, à travers cette image, l'essentiel de notre texte. Au temps de Jésus, la situation politique d'Israël occupé par les Romains ainsi que l'absence de grands leaders religieux prophétiques depuis plusieurs siècles ont conduit les Juifs à dire que le ciel est fermé, c'est-à-dire que Dieu semble avoir abandonné son peuple. Dieu ne communique plus avec Israël comme Il l'a fait du temps de Moïse, du temps de David, du temps des grands prophètes : Isaïe, Jérémie, Ézéchiel… Avec Jésus, voici que Dieu se manifeste à nouveau. Son Esprit va descendre sur Jésus et Il va inspirer sa mission.

Comme une colombe

Quel est le sens de ce symbole ? À l'époque de Jésus on se représentait, sous la forme d'une colombe, l'Esprit dont parle la Genèse au chapitre premier :

> Au commencement Dieu créa le ciel et la terre. La terre était vide et vague, les ténèbres couvraient l'abîme, le souffle spirituel divin planait sur les eaux. (Gn 1,2)

Un commentaire rabbinique (Hagiga 15a) dit qu'

> en ce temps-là l'Esprit de Dieu planait sur la face des eaux comme une colombe qui plane au-dessus de ses petits mais ne les touche pas.

Ce même commentaire dit que Dieu peut se révéler directement à un de ses fils en faisant entendre une voix venant des cieux qui gémit « comme une colombe » (*Berakhot* 3a). Cette image de la colombe serait alors liée à la voix qui vient des cieux. Pour Jésus, la colombe symbolise donc le souffle spirituel de Dieu qui vient l'envahir, le remplir de force et de sagesse en vue de sa mission. Luc nous dira que Jésus, *rempli de l'Esprit, est conduit par l'Esprit au désert* (Lc 4,1). Lors de sa première prédication dans la synagogue de Nazareth, Jésus s'appliquera le passage du prophète Isaïe au chapitre 61,1 : *L'Esprit du Seigneur est sur moi.*

Jésus, baptisé, est en prière

Luc est le seul à faire le lien entre la prière de Jésus et la descente de l'Esprit. Cela est en conformité avec son insistance sur la prière de Jésus tout au long de son Évangile.

Notons quelques-uns de ces passages :

> Lui se retirait dans les lieux déserts et priait. (Lc 5,16)

> Jésus s'en alla dans la montagne pour prier et il passa la nuit dans la prière de Dieu. (Lc 6,12)

On le voit prier pour dire sa joie et son action de grâce :

> Je te loue, Seigneur du ciel et de la terre, d'avoir révélé ton mystère aux petits. (Lc 10,21)

Il prie aussi aux heures décisives et s'efforce d'y entraîner quelques disciples. Ainsi lors de la transfiguration :

> Il prit avec lui Pierre, Jacques et Jean et monta sur la montagne pour prier. (Lc 9,28)

Mais aussi à l'agonie :

> Père, si tu veux éloigner de moi cette coupe…
> Pourtant que ce ne soit pas ma volonté mais
> la tienne qui se réalise. (Lc 22,41-42)

Il nous est bon de voir ainsi Jésus prier, avoir besoin de dire au Père sa joie et sa peine, son action de grâce et sa supplication. À travers ces situations, que demande Jésus ? D'abord et avant tout, d'accueillir l'Esprit du Père. Jésus l'a dit à ses disciples :

> Si, vous qui êtes mauvais, savez donner de
> bonnes choses à vos enfants, combien plus le
> Père du ciel donnera-t-il l'Esprit de sainteté
> à ceux qui le lui demandent. (Lc 11,13)

Dieu, parce qu'Il n'est pas seulement le Créateur mais le Père Tout-Aimant, souhaite communiquer son Esprit à ceux qu'Il crée. Mystère de Dieu… mystère d'amour ! Dieu ne veut pas seulement être le Créateur, l'Être tout-puissant, mais Il souhaite engendrer, devenir Père, tisser des liens de communion. Il le fait en communiquant son Esprit. En s'offrant Lui-même dans ce qu'Il est au plus intime : Intelligence et Amour. L'Esprit nous permet de juger avec la lumière de l'intelligence divine et d'aimer avec la force de bonté et de générosité qui est dans le cœur de Dieu. Ainsi, lors de son baptême, Jésus fait l'expérience fondamentale d'être aimé de Dieu, une expérience qui devrait être celle de tout être humain. Sans cette certitude d'être aimé,

l'être humain ne pourra jamais avoir foi en
sa propre bonté. Et toute sa vie, il souffrira
de ce manque de confiance en ce qu'il est au
plus profond de son être.

Tu es mon fils.
Moi, aujourd'hui, Je t'ai engendré

Qu'est-ce que Dieu donne à Jésus à cette
heure du baptême ? C'est la voix de Dieu
lui-même qui vient nous le dire. La traduction liturgique transcrit une autre version,
semblable à celle de Marc et Matthieu : *Tu es
mon fils bien-aimé, en toi j'ai mis tout mon
amour.* Mais il semble préférable de suivre
les meilleurs témoins des manuscrits. Cette
phrase est une citation du psaume 2 qui
décrit la consécration du roi-messie :

> C'est moi qui ai sacré mon roi sur ma mon-
> tagne sainte. « Tu es mon fils, moi aujourd'hui
> Je t'ai engendré. » (Ps 2,6-7)

Dans la tradition biblique, Dieu est Roi
de son peuple et c'est parce qu'Il est le seul
Roi qu'Il en est le seul Père. Le Roi est en
effet celui qui dirige et conduit dans la droiture, dans le droit chemin de la vie en transmettant sa Règle de vie. À travers cette Règle,
Dieu communique sa façon de vivre, son
esprit, comme le fait un père à ses enfants.
Le Roi divin exerce ainsi un véritable engendrement, un engendrement spirituel et

moral. Le peuple de Dieu peut donc être considéré comme le fils de Dieu. «Notre Dieu, notre Roi et notre Père», diront plusieurs prières juives. En Jérémie, Ephraïm (l'une des plus importantes tribus juives) est appelé fils de Dieu :

> Ephraïm est-il donc pour moi un fils si cher, un enfant tellement préféré que chaque fois que j'en parle, je veuille encore me souvenir de lui ? C'est pour cela que mes entrailles s'émeuvent pour lui, que pour lui déborde ma tendresse. (Jr 30,20)

Cette paternité de Dieu sur son peuple s'exerce d'une manière privilégiée sur le roi-messie qui est considéré comme le lieutenant du Roi divin et devient ainsi comme un fils premier-né de Dieu. Si tout roi-messie, dans le passé, a été ainsi perçu comme un fils de Dieu, on comprend que la venue de l'Esprit sur Jésus va en faire le messie, fils bien-aimé du Dieu-Père. Ainsi Jésus reprendra à son compte les paroles d'Isaïe :

> L'Esprit du Seigneur-Dieu est sur moi parce qu'il m'a oint comme messie... (Lc 4,16)

Voilà l'événement important qui se passe au baptême de Jésus. L'homme Jésus est envahi, rempli de l'Esprit du Père pour une mission qui ne s'achèvera qu'en sa mort et sa résurrection. C'est ainsi que le présentera

Pierre aux Juifs dans les textes que nous relate le livre des Actes. Ainsi chez Corneille :

> Après le baptême proclamé par Jean, vous savez comment Dieu a oint de l'esprit de sainteté Jésus de Nazareth. (Ac 10,37-38)

Lors de la Pentecôte, Pierre parlera aussi de la résurrection comme du Jour du don de l'Esprit :

> Dieu a ressuscité ce Jésus… maintenant il a reçu du Père l'Esprit Saint… Dieu l'a fait Seigneur et messie, ce Jésus que vous avez crucifié (Ac 2,33 et 36).

Ce sera aussi la prédication de Paul à Antioche :

> Nous vous annonçons l'Évangile : la promesse de Dieu à nos pères, Il l'a accomplie : Il a ressuscité Jésus. Ainsi est-il écrit dans les psaumes : « Tu es mon fils, moi aujourd'hui Je t'ai engendré. » (Ac 13,33)

Ce qui est déjà commencé au baptême est pleinement accompli dans la résurrection. Jésus de Nazareth est messie, fils bien-aimé du Père. Les chrétiens comprendront, lors des conciles des premiers siècles, que c'est Dieu-le-fils qui est venu accomplir le rôle du messie-fils de Dieu.

Moi je baptise d'eau. [...]
Lui vous baptisera d'Esprit

Il appartient à celui qui a reçu en plénitude l'Esprit divin de le communiquer à ses frères et sœurs. Dans son livre, *La voie du désir*, Benoît Garceau écrit :

> Le ciel de l'âme [de Jésus] s'est ouvert, une lumière nouvelle l'envahit, lui faisant découvrir que son amour pour Dieu était précédé de l'amour de Dieu pour lui. C'est cette expérience de la proximité de Dieu que Jésus désire partager avec ses frères et sœurs en humanité : l'expérience du Dieu vivant, plus intime à nous-mêmes que nous-mêmes, présent au cœur de chacun, proposant à tous, sans jamais s'imposer, une relation d'amitié, attendant de chacun le moindre signe d'acquiescement à sa paternité amoureuse. (Montréal, Médiaspaul, 1998, p. 37)

Voilà la mission de Jésus : communiquer l'Esprit d'un Père qui n'est qu'Amour et devenir ainsi l'aîné d'une multitude de frères et de sœurs. Plusieurs années plus tard, à Éphèse, Paul trouvera des disciples de Jean convertis à Jésus :

> « Avez-vous reçu l'Esprit Saint quand vous avez embrassé la foi ?, leur dit-il.
>
> — Nous n'avons même pas entendu dire qu'il y a un Esprit Saint.
>
> — Quel baptême avez-vous donc reçu ?

— Le baptême de Jean. »

Paul dit alors : « Jean a baptisé d'un baptême de repentance, en disant au peuple de croire en celui qui viendrait après lui, c'est-à-dire en Jésus. »

Ils se firent baptiser au nom du Seigneur Jésus et quand Paul leur eut imposé les mains, l'Esprit Saint vint sur eux. (Ac 19,3-6)

Dans la lettre à Tite, Paul exprime ainsi ce don de l'Esprit lors du baptême :

Dieu a manifesté sa bonté et sa tendresse… Par le bain du baptême Il nous a fait renaître et nous a renouvelés dans l'Esprit Saint. Cet Esprit, Dieu l'a répandu sur nous avec abondance par Jésus messie. (Tt 3,4-6)

Voilà donc ce que nous devons accueillir dans notre baptême : l'Esprit qui nous fera fils, fille de Dieu. C'est là la manifestation de la bonté et de la tendresse de Dieu. Si Dieu se veut notre Père dès l'instant de notre conception, pourtant, dans son amour plein d'infini respect, Il nous laisse répondre à cette paternité librement. Il appartient donc à chacune et à chacun de devenir fils, fille du Père qui est Dieu. Et cette filiation se réalisera tout au long de notre existence, jusqu'au jour de notre mort qui marquera notre dernier Oui à la paternité de Dieu sur nous. Il nous faut non seulement accueillir l'Esprit mais en vivre : c'est-à-dire réfléchir, juger, comprendre, selon l'intelligence divine; aimer, recevoir et donner, selon la bonté divine. Et le modèle de notre être filial est Jésus. Ou mieux, il en est le moule puisque c'est en lui, par lui que nous devenons fils, fille de Dieu. Citons Paul dans sa lettre aux Galates:

> Car tous, vous êtes, par la foi, fils de Dieu en Jésus Christ. Oui, vous tous qui avez été baptisés en Christ, vous avez revêtu Christ. (Ga 3,25-26)

Comme l'apôtre, chaque baptisé, s'il vit selon l'Esprit, doit pouvoir dire: «Je vis, mais ce n'est plus moi, c'est Christ qui vit en moi.» (Ga 2,20) Étant ainsi tous et chacun vivifiés par Jésus, nous sommes réunis en lui dans une communion intense:

> Nous avons tous été baptisés dans un seul Esprit pour être un seul corps, Juifs ou Grecs, esclaves ou êtres libres, et nous avons tous été abreuvés d'un seul Esprit. (1Co 12,13)

Mais cela ne signifie pas l'uniformité. Au contraire, chacun est unique mais reçoit l'Esprit en vue du bien de tous:

> L'Esprit donne un message de sagesse à l'un et de science à l'autre; à un autre, le même Esprit donne la foi, à un autre le même Esprit donne le don de guérison. [...] Mais tout cela c'est le seul et même Esprit qui le produit, distribuant à chacun ses dons, selon sa volonté. (1Co 12,8-11)

On voit ici combien la vie chrétienne ne peut qu'être communautaire. Personne ne peut devenir fils, fille de Dieu sans recevoir en même temps des frères et des sœurs qu'il devra aimer à la manière de Dieu. Tertullien disait : « Un chrétien, pas de chrétien » pour dire qu'on ne peut être chrétien sans communauté. C'est dans la communauté rassemblée que se trouve la plénitude des dons de l'Esprit. C'est de chacun et chacune que l'on reçoit ce dont on a besoin pour grandir en fils et fille du Père. Le chrétien qui s'isole s'appauvrit et appauvrit la communauté. Seule une communauté riche de la communion de ses membres peut témoigner de toute la richesse du Messie Jésus auprès de ceux qui ne connaissent pas l'Évangile. Une Église privée de communautés serait une Église morte.

À toi qui es baptisé-e dans le Christ, l'Esprit s'offre pour réaliser ton baptême, pour faire grandir ton identité de fils et de fille du Père divin. L'apostrophe du pape Jean-Paul II à l'Église de France qu'on appelait la fille aînée de l'Église : « France, qu'as-tu fait de ton baptême ? » s'adresse à chaque chrétien, à chaque chrétienne : qu'as-tu fait de ton baptême ?

C'est dans le quotidien de notre fréquentation de Jésus que se réalise notre filiation. L'Esprit ne peut agir en nous sans que nous fréquentions assidûment l'Évangile où se trouve la sagesse du Messie… et sans que nous prenions le temps de la prière où se reçoit la force d'amour de Jésus. Voici 2000 ans que Jésus a vécu sur notre terre, témoin par ses actes et ses paroles du don de l'Esprit divin à l'humanité. Qu'avons-nous fait de ce don?

En Ouganda, des enfants sont enlevés pour devenir des soldats de l'Armée de résistance du Seigneur. En Égypte, des femmes sont détenues sans jugement et torturées pour le seul motif d'être proches parentes de militants. En Croatie, Miro Bajramovic, qui se dit très croyant, confesse qu'il a tué 72 personnes sur ordre du ministère de l'Intérieur de nettoyer ethniquement son pays, en réduisant le pourcentage des Serbes. Il écrit:

> En général, avant de les tuer, on les gardait entre deux et cinq jours. Cela dépendait du temps qu'il nous fallait pour les épuiser. Même s'ils avaient survécu, ils n'auraient plus été des gens normaux. Ce qui fait le plus mal, c'est d'enfoncer des petits clous sous les ongles. Et quand vous y branchez le courant triphasé, il ne reste plus rien de l'homme. Des cendres.

C'est au cœur même de cette haine que le disciple de Jésus doit continuer à croire à l'amour. Qu'il doit continuer d'agir en espérant que l'amour est plus fort que la haine.

On peut aussi commander les vidéocassettes

AU CANADA

Monique Legault
tél. : (514) 931-7311 poste 272.

EN FRANCE

Michèle Elghamrawy
21 rue Voltaire, 92140 Clamart,
tél. : 01 46 31 05 37
courriel : michele.elghamrawy@wanadoo.fr

Dans le plus blessé des humains, dans le plus livré aux forces du mal, au plus intime de lui-même, existe encore le désir d'être aimé et d'aimer, subsiste, comme un germe peut-être asséché mais potentiellement vivant, la soif de bonté. Tout être humain est quelqu'un qui est unique et qui est aimé de Dieu et appelé à devenir son fils, sa fille, car l'Esprit de Dieu veut venir habiter son cœur. Voilà ce dont nous avons à témoigner. Chrétiens, chrétiennes, que faisons-nous de notre baptême ?

*
* *

Dieu de sagesse et de réconfort,
délivre mon cœur de ses peurs.
Conduis-le vers la terre intérieure
de ton amour divin.
Comme tu l'as fait pour Jésus,
engendre en mon cœur l'Esprit divin.
Que par lui je naisse à ta vie chaque jour
pour accomplir tes actions et donner sens
à la liberté d'un monde qui s'effondre. Amen !

QUESTIONS DE COMPRÉHENSION ET D'APPROPRIATION

1. Quelle différence y a-t-il entre le baptême de Jean et celui de Jésus?

2. Quel est le sens des images du ciel qui s'ouvre, de la colombe?

3. Comment Jésus a-t-il donné l'exemple de la prière?

4. Quelle mission Jésus reçoit-il du Père lors de son baptême? Quelle mission reçoit chaque disciple de Jésus?

5. Que signifie l'expression: «Un chrétien, pas de chrétien»?

6. Depuis quand sommes-nous fils, fille de Dieu? Ou devenir fils, fille de Dieu est-il un cheminement? Que signifie: «se laisser engendrer par Dieu»?

7. Le baptême des petits enfants est-il justifiable en un monde qui n'est plus une chrétienté?

Pour découvrir Jésus, un parcours d'évangile en vidéo: *Iéschoua, dit Jésus…*

12 épisodes de 30 minutes qui mènent du baptême de Iéschoua (nom araméen de Jésus) jusqu'à sa mort, à travers les grandes étapes de sa vie:

la retraite au désert, la proclamation de l'an de grâce, le message des béatitudes, le choix des Douze, le grand repas des pains multipliés, la retraite de la transfiguration, le Repas du Testament, la Croix et les apparitions au matin de Pâques.

Cette approche de Iéschoua se fait par des dialogues entre Marie de Magdala, qui fut son disciple, Luc, rédacteur d'un des récits évangéliqu qui se fait l'écho de la pensée de Paul, et Tl phile, un jeune païen qui enquête sur le m du Christ de Nazareth.

Des tableaux de peintres et des image d'Israël illustrent les dialogues écrits ges Convert, prêtre, avec la colla Xavier Gravend-Tirole, bachelie religieuses, et les conseils exégéti Quesnel, bibliste.

Réalisation du visuel: A] rent Hardy, de M.A. Prod

Deux livres accompagn *dit Jésus* (textes des dia] *gile* (guide pour l' Médiaspaul.

Dans le plus blessé des humains, dans le plus livré aux forces du mal, au plus intime de lui-même, existe encore le désir d'être aimé et d'aimer, subsiste, comme un germe peut-être asséché mais potentiellement vivant, la soif de bonté. Tout être humain est quelqu'un qui est unique et qui est aimé de Dieu et appelé à devenir son fils, sa fille, car l'Esprit de Dieu veut venir habiter son cœur. Voilà ce dont nous avons à témoigner. Chrétiens, chrétiennes, que faisons-nous de notre baptême ?

*

* *

Dieu de sagesse et de réconfort,
délivre mon cœur de ses peurs.
Conduis-le vers la terre intérieure
de ton amour divin.
Comme tu l'as fait pour Jésus,
engendre en mon cœur l'Esprit divin.
Que par lui je naisse à ta vie chaque jour
pour accomplir tes actions et donner sens
à la liberté d'un monde qui s'effondre. Amen !

QUESTIONS DE COMPRÉHENSION ET D'APPROPRIATION

1. Quelle différence y a-t-il entre le baptême de Jean et celui de Jésus?

2. Quel est le sens des images du ciel qui s'ouvre, de la colombe?

3. Comment Jésus a-t-il donné l'exemple de la prière?

4. Quelle mission Jésus reçoit-il du Père lors de son baptême? Quelle mission reçoit chaque disciple de Jésus?

5. Que signifie l'expression: «Un chrétien, pas de chrétien»?

6. Depuis quand sommes-nous fils, fille de Dieu? Ou devenir fils, fille de Dieu est-il un cheminement? Que signifie: «se laisser engendrer par Dieu»?

7. Le baptême des petits enfants est-il justifiable en un monde qui n'est plus une chrétienté?

Pour découvrir Jésus, un parcours d'évangile en vidéo: *Iéschoua, dit Jésus...*

12 épisodes de 30 minutes qui mènent du baptême de Iéschoua (nom araméen de Jésus) jusqu'à sa mort, à travers les grandes étapes de sa vie:

la retraite au désert, la proclamation de l'an de grâce, le message des béatitudes, le choix des Douze, le grand repas des pains multipliés, la retraite de la transfiguration, le Repas du Testament, la Croix et les apparitions au matin de Pâques.

Cette approche de Iéschoua se fait par des dialogues entre Marie de Magdala, qui fut son disciple, Luc, rédacteur d'un des récits évangéliques, qui se fait l'écho de la pensée de Paul, et Théophile, un jeune païen qui enquête sur le message du Christ de Nazareth.

Des tableaux de peintres et des images du pays d'Israël illustrent les dialogues écrits par Georges Convert, prêtre, avec la collaboration de Xavier Gravend-Tirole, bachelier en sciences religieuses, et les conseils exégétiques de Michel Quesnel, bibliste.

RÉALISATION DU VISUEL: Alain Béliveau et Laurent Hardy, de M.A. Productions.

Deux livres accompagnent ces vidéos: *Iéschoua dit Jésus* (textes des dialogues) et *Parcours d'Évangile* (guide pour l'animation) publiés chez Médiaspaul.

On peut aussi commander les vidéocassettes

AU CANADA

Monique Legault
tél.: (514) 931-7311 poste 272.

EN FRANCE

Michèle Elghamrawy
21 rue Voltaire, 92140 Clamart,
tél.: 01 46 31 05 37
courriel: michele.elghamrawy@wanadoo.fr